原爆の実相を語りつぐ

DVD付

被爆者からの伝言

日本原水爆被害者団体協議会[編]

あけび書房

DVD付『被爆者からの伝言』刊行にあたって

広島・長崎に原子爆弾が投下されてから、60年の時が流れました。

それはけっして「昔話」ではありません。「あの日」の広島・長崎で起きたこと、「赤く焼けただれてふくれあがった屍の山。眼球や内臓の飛び出した死体。黒こげの満員電車。倒れた家の下敷きになり、生きながら焼かれた人びと。髪を逆立て、ずるむけの皮膚をぶら下げた幽霊のような行列。人の世のできごととは到底いえない無惨な光景」（日本原水爆被害者団体協議会「原爆被害者の基本要求」から）――この光景は、もし明日にでも地球のどこかで核兵器が使われたら、まちがいなく再現されることでしょう。

原爆は、その炸裂の瞬間に、都市を破壊しつくし、幾十万の人命を奪っただけではありません。かろうじて生き残った人びとも、次つぎに髪の毛が抜け、血を吐いて、死んでいきました。原爆の放射線は、ヒロシマ・ナガサキから60年たったいまもなお、被爆者の命を奪いつづけています。こんな兵器は核兵器以外にはありません。「原爆は、人間として死ぬことも、人間らしく生きることも許しません。核兵器はもともと、『絶滅』だけを目的とした狂気の兵器です。人間として認めることのできない絶対悪の兵器なのです」（同）

今年2006年は、日本原水爆被害者団体協議会（日本被団協）結成から50周年の節目にあたります。私たち被爆者はこの半世紀、世界のどこにも二度と自分のような被爆者をつくらないために、核兵器を地球上からなくしてしまうことを痛切に願い、重い病をかかえながら、命をかけて叫びつづけ、国の内外に訴えつづけてきました。

たいへん悔しいことですが、被爆から60年、私たちは核兵器をなくせませんでした。それどころか、人類を何回も絶滅させるに足りるほどの量と破壊力をもつ核兵器が、蓄積され、さらに強力なものになり、いつでも戦争に使えるよう配備されています。

広島・長崎への原爆投下をいまも正当化するアメリカは、核先制使用をふくむ戦略を公言し、核兵器をあらたに保有する国もふえつづけ、人類が核戦争の危機から解放される日はますます遠のいているかのような声さえ聞かれる昨今です。アメリカの核戦略に追随している日本政府は、「被爆者に国家補償を」という要求にたいし、「国民は戦争による犠牲を甘んじて受忍せよ」という政策をとりつづけています。

しかし、私たち被爆者は希望を捨てていません。原爆犠牲への「受忍」を断じて拒否し、地球上から核兵器をなくして、真に「生きていてよかった」といえる日が一日も早く実現することをめざし、老いて病む心身をふるいたたせて、今日も明日も訴えつづけます。

世界から核兵器がなくならないのは、その真のおそろしさが知られていないからだ、と私たちは考えます。人類のなかで広島・長崎の被爆者しか体験したことのない核兵器被害の実相を伝えること、それこそが核兵器廃絶の原動力となることを確信しています。とりわけ、年若いみなさんに私たちの苦しみと願いを伝えること——私たちは、ここに大きな希望をいだいています。

『被爆者からの伝言』は、被爆50周年の1995年に、このような思いから発刊されました。幸い各方面から歓迎され、ご好評をいただくことができました。それから10年を経た今年、日本被団協結成50周年にあたり、さらに多くの若いみなさんの心に届くことを願って、装いをあらたにDVD付の復刻版（一部改訂）として刊行することになりました。

DVD付『被爆者からの伝言』は、３点から構成されています。

(1) B4判・32枚の紙芝居パネルは、原爆被害の実相とこれからの課題が、視覚と音によって誰にでもわかるようにできています。そのまま掲示すれば、ミニ原爆展にもなります。また、広島・長崎のイラストマップ、「人間を返せ」の詩碑拓本などをセットに入れております。これらは前書『被爆者からの伝言』とまったく同じものです。
(2) 解説書には、被爆者をめぐる諸問題と運動が載っています。碑めぐりのために、広島、長崎でぜひ見ていただきたい遺構、遺跡、記念碑を、写真とイラストマップつきで紹介しています。また、文献紹介、都道府県の原（水）爆被害者の会の連絡先などもつけています。これは前書『被爆者からの伝言』とほとんど同じもので、一部差し替えております。
(3) 前回の録音テープにかわって、今回はDVDディスクがつきます。ナレーション（これは前回と同じものです）をバックに流しながら、紙芝居の1枚1枚をズームイン・ズームアウトの手法を使って収録しています。これを映写すると、紙芝居による上演とはまたちがった「迫力」があり、教室や病院待合室、小集会などでの映写が効果的かと考えます。また、ご家庭でご覧になっていただければ、たいへんうれしく思います。

学校や職場、ご家庭で大いに活用され、『被爆者からの伝言』を資料として、被爆の実相普及に力を寄せてくださることを、期待してやみません。

核兵器のない世界をつくるために！

核兵器による犠牲に、国による補償を確立するために！

2006年５月　日本原水爆被害者団体協議会『被爆者からの伝言』編集委員会

もくじ

1

紙芝居（原爆展パネル）・DVDのシナリオと解説

①このシナリオ台本はDVDに録音されている音声とほぼ同一内容です。このシナリオ台本のコピーを紙芝居の裏に張りつけて、朗読していただくのも一方法です。
②このシナリオ台本を活用し、さらに皆さんの創意工夫を加えて、構成劇を創ったらいかがでしょうか。
③紙芝居をミニ原爆展として教室や集会場などに展示される場合は、展示会場に別途にDVDを放映、あるいはDVDの音声だけを流すなどしていただければ効果的です。
④DVD音声中の「ピー」という信号音は次の紙芝居にすすむ合図です。

紙芝居のシナリオ

ナ男：男性ナレーション
ナ女：女性ナレーション

1 導入と問題の提起

（BGM『青い空は』が静かに聞こえてくる）

ナ男　あなたは、広島や長崎の出来事を知っていますか？
あなたは、被爆者の体験を聞いたことがありますか？
核兵器をなくすための、人間の生き方を考えたことがありますか？

ナ女　やがて、21世紀を生きる若い人たちに、今、心をこめて贈ります。
『被爆者からの伝言』を……

（歌詞とともに音楽高まる）

2 きわめて計画的な不意打ち攻撃

（B29の爆音）

ナ男　1945年8月6日の午前1時半すぎ、アメリカ軍の爆撃機エノラゲイは、原子爆弾リトルボーイを載せて、ひそかにテニアン島の飛行場を飛びたちました。

（爆音続く）

ナ男　午前5時5分、エノラゲイは硫黄島の上空から日本に向かいます。
実はそれよりも先に広島上空に到着した1機のアメリカ軍の飛行機がありました。それを見つけた日本軍は午前7時9分、広島地方に爆撃の危険を知らせる「警戒警報」を発令。しかし、間もなくその飛行機も飛び去ったので午前7時31分、「警戒警報」を解除します。

（爆音止む）

ナ女　ほっとした広島市民は、ふだんの生活にもどります。ところが、実は、飛び去った飛行機が、「広島の空は快晴、攻撃可能だ」と無線でエノラゲイに知らせていたのです。

（再び爆音続く）

ナ男　原爆を積んだエノラゲイは四国の上空から瀬戸内海に入り、広島に向かいます。8時11分、初めて日本の観測所がエノラゲイをとらえ、広島の軍隊に電話を入れます。

紙芝居パネルの解説

1982年の第2回国連軍縮特別総会で日本の被爆者を代表して、原爆被害のひどさと核兵器廃絶を訴える、長崎の被爆者山口仙二さん【提供：UPIサン】

[3] 何も知らない市民の生活

（爆音と時を刻む音）

証言　お母さんは庭で洗濯ものを干していました。
３歳の弟は縁側で遊んでいました。

証言　暑くならないうちに建物を疎開させる作業にかかるというので、集合は８時10分頃でした。市の中心には、広島第二中学校、広島市立高等女学校などの１、２年生が動員されていました。

（爆音と時を刻む音、次第に速く）

ナ男　朝の太陽で、エノラゲイから広島の街がはっきりと見えます。８時13分、爆撃手は広島のほぼ真ん中にあるＴ字型の相生橋にねらいをしぼります。８時15分、ラジオがあわただしく放送します。「中国軍管区情報！　敵大型機３機が西条上空を……」

（大きな爆発音）

時すでに遅く、８時15分17秒、アメリカは世界最初の原子爆弾を9600メートルの上空から落としました。

アニメーション映画「ピカドン」の一場面【提供：木下蓮三・小夜子】

[4] 人類史上最初の核戦争

証言　目もくらむような光でした。目の前の何もかもが真っ白になりました。

ナ女　広島に投下された原子爆弾は、相生橋のそばにある島病院の上空、およそ500メートルで爆発しました。その瞬間、爆発点で温度がセ氏数百万度、圧力数十万気圧の火の玉ができました。この火の玉はどんどんふくらんで直径460メートルの大きさになりました。その輝きは、９キロ離れた所でも太陽の10倍の明るさだったといいます。爆発のあとの真空部分へ、土ぼこりや空気が吸い込まれてできたキノコ雲がむくむくと昇っていきました。キノコ雲の頂上は、８分余りで9000メートルの高さとなりました。

アメリカ軍機が撮影した広島のキノコ雲（原子雲）【提供：平和博物館を創る会】。円内は広島原爆投下時の８時15分を指したまま焼けた〝被爆時計〟【撮影：土田ヒロミ】

[5] 2発目の原爆が長崎に

ナ男　広島への原爆投下から３日目の８月９日午前11時２分、
　（爆発の轟音）
　広島に続いて２発目の原子爆弾が、長崎市の北西、浦上川流域のほぼ中央、松山町の上空500メートルで炸裂しました。

爆心から南200 ～300 メートルの長崎市松山町で、８月10日撮影。一面の焼け野原に黒こげの死体が何体も横たわっていた【撮影：山端庸介】

[6] 爆風による人間被害①

　（ゴーという爆風の音）

証言　子どもが空中を飛んでいくのを見ました。

証言　広島では、市内の中学１、２年生のほとんどが建物の疎開作業に動員されていました。生徒たちは突然の閃光と爆風と熱線で吹き飛び、たたきつけられ、押しつぶされ、からだを焼かれました。

ナ男　この瞬間に、作業にあたっていた全中学生の３分の１が即死したと思われ､広島第二中学校の１年生322人全員が先生と共に亡くなりました。

ナ女　建物の窓という窓のガラスが飛び散り、人びとの体じゅうに突きささりました。今でも、ガラスの破片が体の中から出てくる被爆者がいます。

アニメーション映画「ピカドン」の一場面【提供：木下蓮三・小夜子】

[7] 爆風による人間被害②

ナ男　数10万気圧にも達した爆風は、爆心地では１平方メートル当たり35トンの重さに当たるほどの圧力でした。爆心から２キロ以内の建物をことごとくなぎ倒しました。爆風は30秒後には11キロ四方にまで広がりました。超音速で広がった爆風のあとの爆心地近くでは、一瞬、真空状態になり、目玉がとび出し、腹が破れた死体も数多く見られました。ぼろっきれのように、人間の内臓が電線にひっかかっていたありさまは、本当にこの世の地獄でした。街中すべての音が消えて、いっとき、不気味な静けさがあたりにただよいました。

爆心から800 メートル離れた長崎の山王神社の鳥居は爆風で片足だけがなぎ倒された【撮影：林重男】。右の写真は、爆風で飛ばされ焼けた電車とその乗客の死体。死体はみぞにバラまいたようになっていた【８月10日午前11時頃、長崎市浜口町～松山町のほぼ中間で山端庸介撮影】

8 熱線による人間被害①

（激しく物の燃える音）

（断末魔の声「うあっ、熱いっ、熱いよおう」）

証言　燃えさかる炎が、すぐそばまで近づきました。けれど、倒れた家の下敷きになってうめいている母を、遂に助け出すことができませんでした。「ごめんなさい、お母さん。こんなひどい親不孝を許して！」。わたしは逃げて行く途中で、何度も振り返って手を合わせて泣きました。何十年たっても、どこにいても、一日として忘れることのできない私の苦しみです。

原爆投下翌日の広島での悲惨な光景【提供：平和博物館を創る会】

9 熱線による人間被害②

（BGM）

ナ女　爆心地近くでは、太陽の表面の温度とほぼ同じ４～5000度の熱線がはしりました。鉄の溶ける温度は1550度です。そのおよそ３倍にも達する高い熱でした。人や物の影もそのまま壁に焼き付けられました。この爆発で起きた高い熱は、広島は爆心から3.4キロまで、長崎は４キロまでの人びとに火傷を負わせました。特に1.5キロ以内の屋外にいた人は、体じゅうに大火傷をしました。

写真のように、着ている浴衣の模様が、そのまま皮膚に焼き付いてしまう人もいました。火傷して逃げる人びとは、焼けただれた皮膚を、ぼろっきれのように前に垂らして、ふらふらと歩きました。まるで幽霊の行列でした。

写真右は、熱線によって着物の柄が肌に焼きついた女性【広島第一陸軍病院宇品分院で米軍撮影。提供：平和博物館を創る会】。写真左は、広島原爆資料館に展示されているロウ人形。

10 熱線による人間被害③

（BGM 続く）

証言　熱線は、乳飲み子を抱いていた母親の髪の毛を、あっというまに燃えあがらせました。

証言　路面電車に乗っていた人びとが、座席に座ったままの姿で、炭の人形になっていました。

証言　城壁に寄りかかって、自転車に腰掛けたままの真っ黒いかたまり、まさか人間だとは思いませんでした。

ナ女　８月９日11時２分、電報を配達する16歳の少年が長崎市の路上を自転車で走っていました。目もくらむ閃光とともに

爆心地から北方約２キロの長崎市住吉町付近で被爆した少年（谷口稜曄さん）。大村海軍病院で米軍撮影。

少年は地面にたたきつけられ、背中全部が焼けただれてしまいました。病院に運ばれた少年は、あまりの苦しさに、何度も「もう、殺してくれ」と叫びました。

11 避難してきた被爆者の群れ

（BGM 続く）

ナ女　この写真は、広島の原爆投下から３時間後、爆心から2.2キロの御幸《みゆき》橋付近で撮影されたものです。
火の海から逃げてきて、衣服がボロボロになり、皮膚の垂れ下った負傷者が道をいっぱいに埋めていました。

ナ男　作家の大田洋子さんは、小説『屍《しかばね》の街』で次のように書き留めています。爆心から1.5キロの日本赤十字病院付近でのことです。

朗読　みんな病院の方へ頭を向け、仰向いたりうつ伏せたりしていた。……病院の門のあたり、そして門の内へ２、３歩入ったところなどに、あがくように手をさしのべて死んでいた。……医者の手にすがりつくまえに生命《いのち》を失ってしまった人びとの惨めな姿を見ると、そこに無念の魂が陽炎《かげろう》のように燃え立っていることを感じないではいられなかった。

８月６日午前11時頃の広島市御幸橋西詰警察官派出所付近の光景。逃げ集まってきた被爆者に食用油を塗り、応急手当をする軍人【撮影：松重美人】

12 黒い雨と放射能被害

（激しい雨音）

ナ男　すさまじい熱線で燃えあがった広島も長崎も上空に異常気流が起きて、一時、大雨に襲われました。広島では爆心地の北西方面にかけて広範囲に降り、１時間以上の大雨だった地域もありました。長崎でも、爆心地の東の地区でかなりの雨が降りました。
この雨は、火の海で舞い上がったたくさんの黒い塵をふくんでいたために、油っぽいねばり気のある「黒い雨」となりました。その雨に、広島ではウラン、長崎ではプルトニウムの核分裂でできた「死の灰」が含まれていました。被爆者はこの雨を頭からかぶり、また、それがとけ込んだ水槽や川の水を何も知らないで飲んだ人もたくさんいます。

絵は黒い雨の中を逃げまどう広島の人びと【提供：平和博物館を創る会】。円内の写真は、爆心地から3.7キロ離れた民家の白壁に残った黒い雨の跡【撮影：土田ヒロミ】

13 恐ろしい放射線の被害

（BGM）

ナ女　火傷やけがをした被爆者も、また、けが一つなかった被爆者も、あとから市内に入った人たちでさえも、目に見えない放射線のために原爆症にかかりました。吐き気、下痢、頭痛、歯茎からの出血、吐血、下血、白血球や赤血球の減少、脱毛、脱力、口やのどの炎症、月経異常などの急性の症状が報告されています。特に、髪の毛が抜けて体中の皮膚に紫の斑点が出てくると、多くの被爆者が、ばたばたと死んでいきました。急性の症状を切り抜けた被爆者には、やがて、ケロイド、白血病、白内障、貧血、そのほか、血液を造る体のはたらきに障害がみられるようになりました。しかも、深刻だったのは、被爆者本人だけでなく、被爆者の子どもに、小頭症、白血病、貧血などの症状があらわれたことです。

50年たった今でも、被爆者は、一般の人よりガンや肝臓障害が多く、それが原因で亡くなる人が続いています。

写真左は、被爆数か月後に脱毛した少女【1945年10月６日、広島で菊池俊吉撮影】。写真右は、爆心地から１キロの兵舎内で被爆した21歳の兵士。脱毛、歯ぐき出血、皮下溢血ののち９月３日に死没【死亡２時間前に米軍撮影。提供：平和博物館を創る会】

14 大量無差別の殺戮兵器

（BGM 続く）

ナ男　原爆は街全体をめがけて落とされ、罪もないたくさんの人びとを殺しました。死者の数は、その年の暮れまでに、広島でおよそ14万人、長崎でおよそ７万人と推定されています。

死んだ人、１人のからだの幅を50センチとして、隙間なく横に並べたらその長さは実に100キロをこえます。それに添って歩いたら、１週間近くはかかるでしょう。その多くは、女性、お年寄り、９歳以下の子どもたちでした。

被爆から７年後の1952年７月、広島県安芸郡坂町の５か所から、252 柱の遺骨が発掘された【提供：中国新聞社】

15 くる日もくる日も、続く死者

証言　お互い助かったことを喜び合ったのに、母は胸を切り裂いてくれと苦しがり、顔が次第に化け物のように変わっていきました。頭の髪の毛は抜け落ち、全身に小豆ほどの斑点が出て、ふた目とは見られない形相で、８月30日に死亡しました。即死した方がどんなに楽だったかとつらい思いで

肉親を荼毘に付す家族【1945年９月、長崎市浦上町にて松本栄一撮影】

した。

証言　姉と小さな弟を焼く炎の前で、私と母が立ちつくし、小学生の弟もそばにいました。けれど、その母も、そして、傍らでうずくまっていた弟も、その日から10日も生きることができませんでした。

ナ男　生き残っている被爆者も、周りの人が次々に死んでいくのを見つめ、今度は自分の番かと、恐ろしい不安に襲われ苦しみました。

16 環境もろともの全面的な根絶

（BGM）

ナ女　生き残った被爆者は、よく「広島が、長崎が無くなった」と言います。人間の生きていく環境すべてがなくなってしまったのです。原爆孤児になった人は次のように訴えています。

両親を失った兄弟。弟の方は頭部の負傷による血が暑さのためひからびていた。顔を洗う余裕もなかったのであろう【８月10日午前７時頃、長崎駅付近で山端庸介撮影】

証言　父も母も兄弟も、だれ一人身寄りもいなくなり、その日から食べ物をあさり、野宿し、着替えもなく、盗みをしなければ生きられませんでした。病気を治すことも、学校に行くこともできない乞食の生活でした。心を支えてくれる家族もふるさとも、すべてなくなってしまいました。

17 被爆者の暮らしの苦しみ

（BGMが続く）

ナ男　生き残っても、原爆で体をこわされ、家や財産を失い、身寄りも失った被爆者は、その日から、苦しい生活に追い込まれました。原爆症のためにまともな職業につけず、職についても被爆者というだけで差別され、その上、体が悪いと仕事が長続きしないので、職を失い、日雇い労働で、その日暮らしになっていきます。収入が落ちれば薬代にも事欠き、ますます体は悪くなってしまいます。病気と仕事と収入の悪循環が、いっそう被爆者の生活を苦しいものにしていきました。

家を焼かれ、そのうえ病気がちな多くの被爆者はバラック建ての小屋で貧しい生活を送った【撮影：佐々木雄一郎】

18 被爆者の精神的苦悩（心の苦しみ）

（BGM が続く）

証言　妹は、高校を卒業して３カ月たったある晩、突然いなくなった。一晩中探したが見つからなかった。
朝になって「若い娘が列車にとび込み、自殺をした」と聞いて、まさかと思いながら現場に行った。見覚えのある雨傘と下駄が、踏切りの脇にきちんとそろえて置いてあるのが目に入った。わたしは泣き叫ぶほか、どうすることもできなかった。
こうして、姉妹５人のなかで最後に残っていた妹も、原爆によって殺され、わたしは１人になってしまいました。

ナ女　生き残った被爆者のなかでも、４人に１人は自殺を考えたことがあるといいます。

当時の模様を再現し、撮影したもの【撮影：菊地信夫】

19 アメリカの占領と原爆被害の隠蔽

ナ男　９月に日本を占領したアメリカ軍は、外国人記者が広島・長崎へ入るのを禁止しました。９月19日には、原爆に関する報道を制限しました。
そして、被害の事実や苦しい体験を詩や小説で自由に発表することもできませんでした。アメリカが広島・長崎に設置した原爆傷害調査委員会、つまり ABCC は、被爆者をくわしく検査しましたが、治療は一切してくれませんでした。
今も被爆者に対する10万人調査が続いています。死体の解剖をふくむ検査資料も、新たな核戦争準備のためにアメリカ本国へ送り続けられ、日本政府もこれに協力してきました。

写真中央の建物は ABCC【提供：中国新聞社】。写真右は日本占領のため厚木飛行場に降り立つマッカーサー連合国軍総司令官【提供：共同通信社】。写真左は、当時の占領軍の検閲を示す事例。日本の経済問題を論じた雑誌論文までもがことごとく検閲されていた（モニカ・ブラウ著『検閲』時事通信社刊より）。

20 原爆は、なぜ投下されたのか

ナ女　原爆投下は、アメリカの政治家が言ってきたように「戦争を早く終わらせるために」、あるいは「日本本土への上陸作戦で失う、多くのアメリカ兵や日本人の命を救うために」必要だったのでしょうか。

ナ男　そうではありません。当時の日本には、もう、戦う力はほとんどなかったのです。空襲で国中の街は焼け野原となり、国民はもう飢え死にするばかりで、日本の敗戦は、はっきりとしていました。

ヤルタ会談で、左からチャーチル英首相、ルーズベルト米大統領、スターリンソ連首相（大きい写真）。小さい写真はポツダム会談で左からアトリー英首相、トルーマン米大統領、スターリンソ連首相【提供：共同通信社】

ナ女　では、こんな日本の様子を全部知っていたアメリカが、なぜ、急いで恐ろしい核兵器を広島・長崎に投下したのでしょうか。

ナ男　1945年２月、アメリカ、イギリス、ソ連はヤルタ会談の秘密協定で、ドイツ降伏の３カ月後に、ソ連が日本と戦争を始めることを約束しました。ところが、その年の７月16日に原爆実験を成功させたアメリカは、イギリスと相談して、ソ連が日本と戦争を起こす前に急いで原爆で日本をたたき、ソ連に口出しをさせない作戦に切りかえました。イギリスやアメリカの歴史家なども、こうはっきり述べています。「原爆投下は純粋に戦術的な軍事目的ではなく、第２次大戦後の対ソ戦略も含め、核兵器で世界を支配しようとする外交上の大作戦だった」

21 原爆投下は人体実験が目的

ナ女　原爆投下の目的は、もう一つありました。原爆投下を決めるアメリカの最高会議は、次のように決定していたのです。「日本人に警告を与えず、多くの住民にできるだけ大きな打撃を与える」「原爆を落とす目標は、働く人や住んでいる人々がたくさんまわりにいる工場がよい」

ナ男　そして、原爆を落とす予定の都市に、京都、新潟、広島、小倉を選び、その都市へは焼夷弾による空襲を中止させました。その後、京都は、原爆を落とすと国際的に非難されるという理由で、かわりに長崎が加えられました。新潟もアメリカ軍の基地から遠すぎると外されました。最終的に広島・小倉・長崎の順に目標となりましたが、８月９日は小倉の空が雲に覆われ、第３候補だった長崎に投下されました。原爆投下は、初めから、たくさんの非戦闘員を殺し、その効果と影響を調べるための人体実験だったのです。

22 生き返る不屈のいのち

（BGM）

ナ男　すべてが破壊された広島・長崎は原子砂漠といわれ、75年間、草木はもちろん一切の生物が育ち生きることができないといわれました。けれど、日がたつにつれて焼け野原にも雑草がはえてきたことに人々は励まされ、粗末でも家を建てて、町を造り始めました。

ナ女　被爆し、焼け焦げても奇跡のように芽をふき、生き返った木も、市民を励ます話題となりました。
この写真は、たくましく命をよみがえらせた、長崎・山王神社の楠の木です。

長崎の山王神社は爆心から800 mの場所にあった。写真左は被爆60日後に撮影したもの【撮影：林重男】。写真右は最近撮影したもの。

23 たたかい生きる被爆者

（BGM が続く）

ナ女　朝鮮戦争が始まり、原爆に対する怒りも、鋭くなっていきました。

朗読　ちちをかえせ　ははをかえせ　としよりをかえせ
こどもをかえせ　わたしをかえせ　わたしにつながる　にんげんをかえせ　にんげんの　にんげんのよのあるかぎり
くずれぬへいわを　へいわをかえせ

ナ女　今の詩は被爆者で詩人だった峠三吉の作品です。峠三吉は病気の体をおして、仲間たちと平和集会に参加し、原爆反対の想いを作品にして、多くの人びとに訴えつづけました。

朝鮮戦争が始まった1950年８月６日、急に平和集会が禁止されたが、平和を願う人びとは広島福島デパート前に集った。峠三吉ら「われら詩人の会」のメンバーも参加し、ビラをまいた【絵：四国五郎】

24 原水爆禁止運動の始まり

（衝撃音）

ナ男　しかし、こうした峠三吉らの願いも空しく、広島・長崎に続いて核兵器の新たな被害者が生まれました。1954年３月１日の明けがた、日本の漁船第五福竜丸は、南太平洋のビキニ環礁でおこなわれたアメリカの水爆実験で死の灰をかぶり、乗組員23名が恐ろしい放射能による病気になりました。そして、９月23日、無線長だった久保山愛吉さんが「原水爆の被害者は、私を最後にしてほしい」との言葉を残して亡くなくなりました。

立入禁止のなか、静岡県の焼津港にとめられている被爆直後の第五福竜丸【提供：読売新聞社】。円内は死亡した久保山愛吉さん【提供：第五福竜丸平和協会】

この事件は、日本国民に改めて原水爆の恐ろしさを思い知らせるとともに、これまで抑えられていた広島・長崎の怒りを一気に爆発させました。

25 国際的な原水爆禁止世界大会

（BGM『原爆を許すまじ』の演奏が静かに始まる）

ナ女　ビキニ事件の翌年の1955年８月６日、日本と世界の代表5000人が広島に集まって、最初の「原水爆禁止世界大会」が開かれました。会場での被爆者の訴えは痛切で参加者の涙をさそいました。

広島の被爆者高橋昭博さんは上半身の火傷のあとを示しながら平和を訴えました。長崎の山口みさ子さんは、顔に火傷を負い、原爆症にかかり、そのうえ、両親も兄弟も殺された苦しみと悲しみを涙ながらに訴えました。久保山愛吉さんの夫人すずさんは夫を水爆で奪われた怒りと共に「原子戦争反対」の連帯を訴えて力強い共感をよびました。大会は、参加した被爆者の心にも希望と勇気の火を灯し、「生きていてよかった」の合い言葉をうみだしました。

写真は、14か国３国際団体52人、日本全国からの代表2575人が参加した第１回原水爆禁止世界大会の開会総会（広島、1955年８月６日）。翌日の分科会も含め、5000人が参加した【提供：原水爆禁止日本協議会】

26 原水爆被害者の組織化

（『原爆を許すまじ』が続く）

ナ男　第２回原水爆禁止世界大会は長崎で開催されました。原爆で下半身が不自由になったからだをお母さんに抱かれて登壇した渡辺千恵子さんは、原爆の恐ろしさと再軍備していく日本の危険を訴えました。大会も被爆者の援護と連帯を宣言のなかに入れました。そして、大会中の８月10日には「日本原水爆被害者団体協議会」が結成され、原水爆の禁止・国家補償の被爆者援護法・被爆者の自立更生を決議し、国会への働きかけを強めていきました。

ナ女　こうして被爆者自身が、自らの思いを語り、手を取り合って核兵器廃絶を求める運動に立ち上がったことは、若い世代にも大きな影響を与えました。

（『原爆を許すまじ』が続いて）

渡辺千恵子さんは長崎市内の三菱電機製作所本工場で学徒報国隊として作業中に被爆し、下半身不随に。写真は、1956年８月９日、第２回原水爆禁止世界大会で発言する渡辺千恵子さん【提供：原水爆禁止日本協議会】。左下は日本原水爆被害者団体協議会結成大会【提供：連合通信社】

27 佐々木禎子の死と中学生の運動

（『原爆を許すまじ』が続く）

ナ女　広島の佐々木禎子《さだこ》さんは、２歳の時、爆心から1.5キロで被爆しましたが、奇跡的に無傷で助かりました。その後はとても元気な子で小学校に入ってもリレーの選手になるほどでした。ところが６年生の秋、とつぜんに原爆のために白血病となりました。入院した禎子さんは、毎日自分の血球数を記録したり、ベッドの上で鶴を折ったりしながら病気の治ることを楽しみにしていましたが、中学校に進んだ次の年の10月25日、ついに亡くなりました。

ナ男　同級生たちは、原爆のためにこんな悲しいことが繰り返されてはならないと生徒会にはかり、「原爆の子の像」の建設と募金を日本中の学校・生徒に訴えました。そして、自分たちも街頭に立って募金活動をおこないました。1958年５月５日、平和公園のなかに完成した祈念像には「これはぼくらの叫びです　これは私たちの祈りです　世界に平和をきずくための」ということばが刻まれました。

左の写真は、小学校５年生の元気な頃の佐々木禎子さん。６年生の時、急に体調をくずし入院し、中学１年生の10月に永眠した（1955年）。白血病と診断された禎子さんはベッドの上で赤い薬包紙を使って鶴を折りながら、毎週検査される自分の血球数をわら半紙に書きとめていた（右上）。右下の写真は、「原爆の子の像」の街頭募金を訴える子どもたち【いずれも提供：中国新聞社】

28 中学生の平和への決意

中学生の声　あの日、原爆の爆風と熱線によって、吹き飛ばされ、焼き殺された多くの中学生たちや、恐ろしい原爆の放射線に殺された佐々木禎子さんたちの叫びを今、私たちは心の中でかみしめています。被爆国の中学生として、私たちは核兵器のない地球をめざし、努力し、生きることを誓い、生徒会の宣言とします。

（BGM『その夏を教えて』が始まる）

ナ男　毎年全国から、何十万人にものぼる中学・高校の生徒が修学旅行で広島・長崎を訪れ、原爆の問題と人間の生き方について学んでいます。そして、「原爆の子の像」には、自分たちが折った鶴を供え、いろんな思いを表現しています。ヒロシマ・ナガサキの心は、こうして若い人たちに受け継がれていきます。

「原爆の子の像」の詳しい説明は、後述の「広島の碑・遺跡・施設めぐり」（51ページ）参照のこと【提供：原水爆禁止日本協議会】

29 高校生グループの活躍

（BGM『その夏を教えて』が続く）

ナ女　原爆の熱線は爆心直下で４～5000度にも達し、そこに住む人びとや街を焼きつくしました。こうした被爆の状況を実感することは不可能なことです。けれど、少しでもそれに迫りたいと考えた広島の高校生は、爆心地の熱線で火ぶくれ状態になった原爆瓦を発掘し、同じ状態の瓦を再現する実験もおこないました。こうした高校生の学習活動は、やがて原爆の遺跡を調査・記録する交流運動に発展し、全国的な高校生平和ゼミの運動へと広がりました。

ナ男　高知県の高校生たちは、地域の被爆者調査で、ビキニ水爆の被害者と出会ったことがきっかけとなり、被災した漁船が856隻もあったことを知り、高知の漁港を歩き続け、聞き取り調査をすすめました。高校生たちは、そこで出会った人たちからも、また自分たちの青春と生き方を学びました。その活動は本や映画になりました。

高知県の高校生の活動を描いた映画『ビキニの海は忘れない』の一コマ【提供：同映画制作実行委員会】。右上カコミ内の写真は、全国の小・中・高校の児童・生徒や市民からの募金で建てられた「原爆犠牲・ヒロシマの碑」。碑の詳細は「広島の碑・遺跡・施設めぐり」（55ページ）参照のこと【提供：連合通信社】

30 今なお危険な核情勢

ナ男　アメリカとソ連の対立が消えたから、核兵器もやがてなくなるだろうと考える人がいますが、本当にそうでしょうか。現在も、アメリカは１万発以上の核兵器を持ち、世界中に配備していますし、ロシア、イギリス、フランス、中国が持っている核兵器も、合わせると４万数千発にもなります。その破壊力は、広島型原爆の実に50万発以上にあたり、人類を何度も全滅させる破壊力です。被爆者は、広島・長崎の体験から、「核兵器は一発といえども地球上にあってはならない。人類とは決して共存できない悪魔の兵器だ」と訴えます。

31 世界の核実験被害者

（BGM『明日への伝言』が始まる）

ナ女　広島・長崎で被爆したのは、日本人だけではありません。当時、朝鮮半島から連れてこられた人たちが何万人も被爆し、補償も受けないまま戦後苦しみ続けています。そのほかにも、アジアからの留学生や、捕虜となって広島・長崎にいた外国の人たちも被爆しました。今日《こんにち》では、アメリカとソ連を中心に続いた核兵器の開発競争で、何百万人にものぼる数多くの核実験被害者がつくり出されました。
戦後の占領下で、広島・長崎の原爆被害が隠され、長い間被爆者の救済や治療が放置されましたが、今、世界の核兵器被害者も同じような状態におかれて、苦しみ続けています。

32 被爆体験の継承を

（BGM『明日への伝言』が続く）

証言　みなさん、原爆は人間が人間として死ぬことも、人間らしく生きることも許しませんでした。原爆はこの地球上にあってはならないのです。わたしたちは一発残らず核兵器がなくなることを心から願い、生きてきました。みなさんも広島・長崎のことを勉強して、あなたたちがどう生きていったらよいか、しっかり話し合ってほしいと思います。

（『明日への伝言』が次第にたかまり、終る）

原爆語り部の話に聞き入る子どもたち
【撮影：丹野章】

2

原爆、そして被爆者のはなし

1 原爆被爆者とは

原爆被爆者とは、1945年８月６日に広島で、そして９日に長崎で、アメリカ軍重爆撃機Ｂ29が投下した原子爆弾で被害を受けた人びとのことをいいます。

原爆被害は、核爆弾の爆発にともなって発生した熱線と爆風と放射線によって、人間に複合的な被害をもたらしました。このため、一口に被爆者といっても、いろいろな違いがあります。

被爆者に対する援護は、1995年６月までは、「原子爆弾被爆者の医療等に関する法律」（1957年＝昭和32年４月施行）と「原子爆弾被爆者に対する特別措置に関する法律」（1968年９月施行）の２法によってなされてきました。1994年12月９日に「原子爆弾被爆者に対する援護に関する法律」（略称、被爆者援護法）が制定され、95年７月１日からはこの法律で施策されます。

この法律では、被爆者を４つに分けています。

原爆投下の瞬間に広島、長崎の市内かその周辺にいて、熱線、爆風、放射線、閃光などの複合的な被害を受けた人たちは、「直接被爆者＝１号被爆者」とよばれています。

家族、親戚、友人などの安否を尋ねるなどして、広島、長崎の被爆地域に入り、残留放射線を大量に浴びた人たちは、「入市被爆者＝２号被爆者」とよばれています。

直爆死没者の遺体の処理や、負傷者の救援のため広島、長崎にかけつけ、残留放射線を大量に浴びた人たちは、「救援被爆者＝３号被爆者」とよばれています。

原爆投下後、広島、長崎とその周辺には、放射性物質などを大量に含んだ黒い雨が降りました。この雨を受けた地域の人たちは「黒い雨地域被爆者」とよばれています。この人たちは、３号被爆者として扱われています。

上のような被爆者の胎児だった子は、「胎内被爆者＝４号被爆者」です。これらの被爆者には「被爆者健康手帳」が交付されます。

日本原水爆被害者団体協議会（日本被団協）は、原爆による被害者は、以上の人たちに限らず、被爆者の夫や妻、子どもたちにも及ぶとみています。

1994年３月末現在で、手帳所持者は、１号20万8352人、２号８万9684人、３号２万8760人、４号7016人、合計33万3812人となっています。

「被爆者健康手帳」をもっている被爆者には健康診断の無料実施、一般疾病医療費の自己負担分の給付、一定の条件のあるものに手当などが支給されます。被爆者援護法が制定されるまでは、諸手当を受給するには、一定の疾病にかかっているものと、一定所得以内のものに限られていましたが、援護法ができてからは所得制限が撤廃され、原爆死没者についても、1945年８月６日、９日にさかのぼって、原爆死没者の遺族で被爆者手帳を持っている被爆者には特別葬

23ページの表は、新しいデータを追加した以下の表と差し替えます。

被爆者健康手帳所持者の数

	特別被爆者	一般被爆者	計	健康診断受診者証交付者	
1957年度	—	200,984人	200,984人	—	
1960	183,323人	151,866	335,189	—	
1965	217,304	64,291	281,595	—	
1970	281,449	51,596	333,045	—	
1974	被爆者		356,527	4,003人	
1975	〃		364,261	3,970	
1980	〃		372,264	4,975	
1985	〃		365,025	3,850	
1990	〃		348,030	3,153	
1991	〃		343,712	3,033	
1992	〃		339,034	2,847	
1993	〃		333,812	2,676	
1994	〃		328,629	2,524	
1995	〃		323,420	2,266	
1996	〃		317,633	2,060	
1997	〃		311,704	1,829	
1998	〃		304,455	1,604	
1999	〃		297,613	1,495	
2000	〃		291,824	1,379	
2001	〃		285,620	1,274	
				受診者証第1種	受診者証第2種
2002	〃		279,174	1,164	10,695
2003	〃		273,918	1,077	11,705
2004	〃		266,598	981	11,882

（厚労省統計）

＊1960年度に特別被爆者制度創設、1974年10月に一般被爆者及び特別被爆者の区分廃止、同年10月より健康診断のみをおこなう地域を設け、健康診断受診者証を交付することとした。

＊長崎の被爆地域拡大の要請にこたえる形で、2002年度に第２種受診者証を創設。指定疾病により手帳に切り替え可能な第１種とは区別されている。

＊人数は各年度末（３月31日現在）のもの。

祭給付金が遺族１人につき10万円出るようになりました。また、死没者の尊い犠牲を銘記するための祈念施設をつくることになりました。

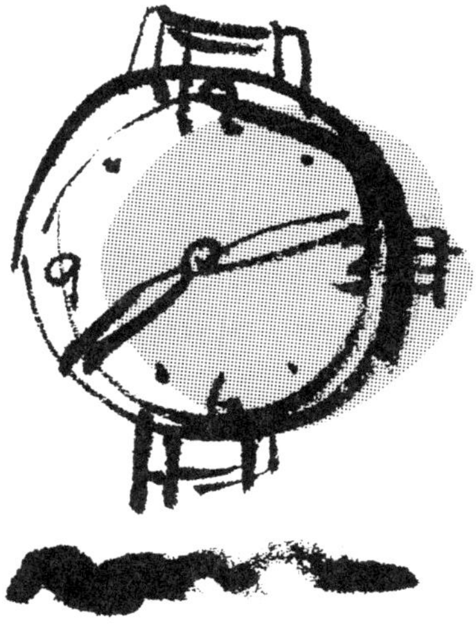

被爆者手帳所持者の数

	特別被爆者	一般被爆者	計	健康診断受診者証交付者
1957年度	—	200,984人	200,984人	—
1960	183,323人	151,866	335,189	—
1965	217,304	64,291	281,595	—
1970	281,449	51,596	333,045	—
1974	被爆者		356,527	4,003人
1975	〃		364,261	3,970
1980	〃		372,264	4,975
1985	〃		365,025	3,850
1990	〃		348,030	3,153
1991	〃		343,712	3,033
1992	〃		339,034	2,847
1993	〃		333,812	2,676

（厚生省保健医療局統計）

1960年度に特別被爆者制度創設、1974年10月に一般被爆者及び特別被爆者の区分廃止、同年10月より健康診断のみをおこなう地域を設け、健康診断受診者証を交付することとした。

人数は各年度末（３月31日現在）のもの。

2 被爆者の死

原爆による死没者は、原爆投下の1945年８月６日、９日から12月末までに、広島で14万人、長崎で７万人と推定されています。当時の人口は、広島が軍人を除いて32万人、長崎が27万人、このほかに軍需工場の労働者や入市、救援の人びとが多数いたと推定されますので、両市とも直接、間接の被爆者の３割から４割がその年の内に亡くなったことになります。

この人たちがどのような亡くなり方をしたのか、よくわかりませんでしたが、日本被団協が、被爆40周年の1985年（昭和60年）に、１万3000人を対象におこなった調査で、その一端が明らかになりました。

当日死亡者の48%は建物の下敷きになっての圧焼死で、戸外での爆死が35.9%、大やけどが9.4%でした。

この死を、遺体で確認できた人は22.9%、遺骨で確認できた人が27.7%、家族が死に目にあえた人は４.1%にすぎませんでした。

「行方不明」のままの死者は39.7%に及んでいます。

当日死はまぬかれたものの、８月末までに亡くなった人の死因は、大やけどによるものが44%、急性原爆症によるものが39%、大けがによるものが18%となっています。

８月末までに亡くなった人の中に「自殺」者が２人います。建物の下敷きになり、体中にガラスの破片が突き刺さり、もだえ苦しんで、最後に舌をかみきって死んだ人、頭が変になって入水自殺をした人です。

「あの日」の死者（総数 2,236人）

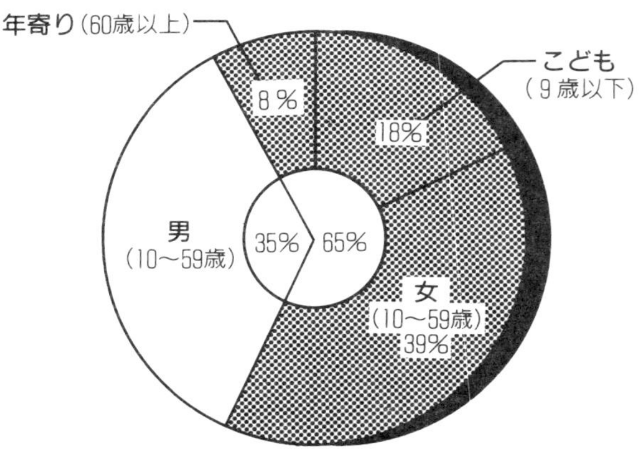

1985年、日本原水爆被害者団体協議会（日本被団協）実施の「原爆被害者調査」より

９月から12月末までに亡くなった人の死因では、53.6%が急性原爆症で、大やけどが15.7%、大けがが11.5%となっています。

原爆投下の翌年以降の死没者の死因では、「病気」が90%ですが、このうちの27.2%は、がんと白血病による死亡です。被爆によるやけどやけがが原因で亡くなった人も5.6%います。

被爆が原因の流産・早産・死産による死や、原因ははっきりしないものの、原爆に関係があるとみられる「自殺」も目立ちます。

被爆者の証言①　あの日のこと

●倒れた塀の下敷きになった女の人が這いだして逃げようとして道路に爪をたてていましたが、その指の爪は第2関節のところまでなくなって、爪をたてたまま死んでいました。　（宮城　男・51歳）

●火葬場もなく、小学校の校庭で材木を重ね、まるで魚でも焼くように人間が火葬される様は、今思っても身の毛がよだつ感がする。

（埼玉　男・53歳）

●生きていた人がそのまま燃えていた。　（北海道　女・50歳）

●わたしゃ、主人は戻ると信じて今日まで生きてきた。70を過ぎるようになっても、今でも夜中に外で物音がすりゃ、戻ってきたかと胸が騒ぎますで。「主人のことを忘れよ」といわれて、忘れられるものじゃなかった。原爆の落ちた日から影も形ものうなった主人のことを忘れよというのは酷じゃ。わたしゃ今でも、きのうのことのように思うとる。　（『原爆に夫を奪われて』）

●爆心部より逃れて、折り重なって身を横たえている市民の方の救いの呼びかけや、まなざしに応える心を失い、これらの方を踏みこえて逃げた。　（茨城　男・62歳）

●原爆投下の翌日から救援隊として入市し、爆心地付近での生死をさまよう老若男女の方々が水、々、々と要求されているのを目のあたりに見て、何もしてあげられなかった自分の立場に今更ながら言い知れぬ悲しみを感じている。　（東京　男・59歳）

●あの時の話にふれると、胸がしめつけられて息苦しくなる。無理に話そうとすると精神状態が変になりそうでとても話せない。弟の死に様が目に焼きついている。あの時、呼んでも答えがなかったので逃げたが、ただ気を失っていただけではなかったか。その事を思うと五臓六腑がヒラヒラと動く。　（宮城　男・52歳）

証言は1985年当時のものです。年齢などは証言時のもの。以下、同様

3 被爆者の生

生き残ったものの、原爆による急性症状で苦しみながら、多くの人が亡くなりました。急性症状に耐えてさらに生き残った人は、病気がち、働けないという困難が重なり、人並みの生活ができませんでした。

厚生省が1985（昭和60）年におこなった調査では、この年の10月２日だけで、病院に行った人が全被爆者の38.4％、入院中が4.2％、つごう42.6％の被爆者が何らかの病気で入通院していたことが明らかになりました。これは被爆していない人の２倍から５倍になる高率です。

また、被爆者は、人生の節目節目にいろんな困難と差別に苦しみました。

日本被団協が1985年に１万3000人を対象におこなった調査によると、被爆者であるために「子どもを生むのが不安だった」「早産、流産、不妊、生理障害があった」「結婚に反対された」など、結婚と子育てに悩んだ人が３割に達しています。被爆者であることを隠して結婚したため、夫婦仲が不和になったとか、離婚させられたという人も６％いました。被爆から１～２年の間に障害を持って生まれた子どもが何人かいたことなどから広がった不安と社会的偏見によるものでした。

被爆者が放射線障害で病気がちだったことから、「被爆者はまともに働けない」という偏見が広がり、このため「被爆者であることを隠して就職した」とか、「就職を取り消された」などの差別もありました。

こうした事情で、被爆者の所得は低く、年収200万円以下が26.7％、所得額不詳の人をのぞくと、年収400万円以下が７割に達しています。（厚生省調査）

これが被爆者の生きる意欲を失わせ、心の傷になり、暮らしをさらに困難にするといった状況が生まれてきました。

日本被団協調査では、４人に１人が「生きる意欲を失った」と答えています。その原因は、「毎日が病気がち」で「家族に迷惑をかけるから」などと、病気を理由にする人が72.4％、「被爆によって家族を失って心の支えを失ったから」という人が29％もいます。

原爆は、被爆者の人生の節目節目で被爆者を苦しめました

（複数選択。出所：同前被団協「原爆被害者調査」）

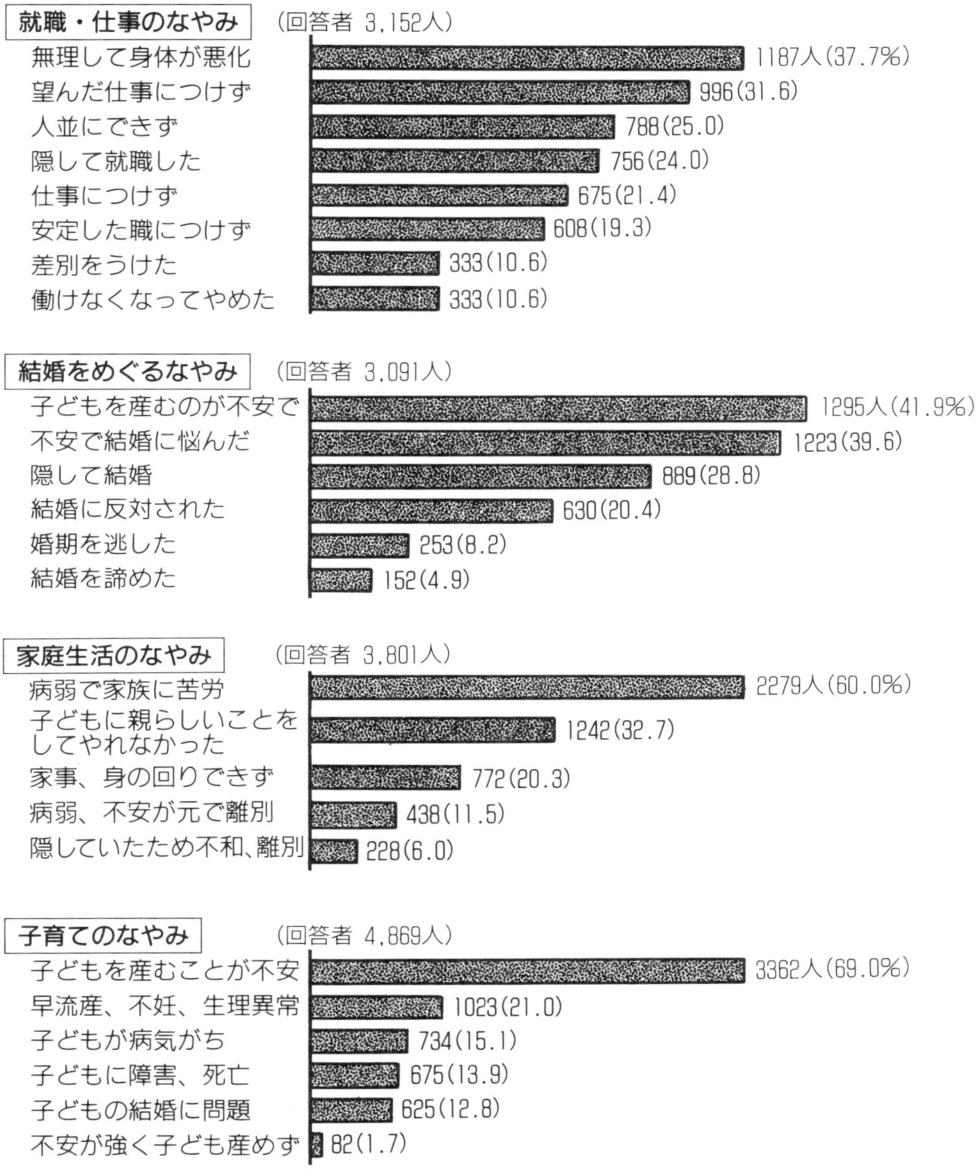
就職・仕事のなやみ
（回答者 3,152人）
無理して身体が悪化
1187人(37.7%)
望んだ仕事につけず
996(31.6)
人並にできず
788(25.0)
隠して就職した
756(24.0)
仕事につけず
675(21.4)
安定した職につけず
608(19.3)
差別をうけた
333(10.6)
働けなくなってやめた
333(10.6)
結婚をめぐるなやみ
（回答者 3,091人）
子どもを産むのが不安で
1295人(41.9%)
不安で結婚に悩んだ
1223(39.6)
隠して結婚
889(28.8)
結婚に反対された
630(20.4)
婚期を逃した
253(8.2)
結婚を諦めた
152(4.9)
家庭生活のなやみ
（回答者 3,801人）
病弱で家族に苦労
2279人(60.0%)
子どもに親らしいことをしてやれなかった
1242(32.7)
家事、身の回りできず
772(20.3)
病弱、不安が元で離別
438(11.5)
隠していたため不和、離別
228(6.0)
子育てのなやみ
（回答者 4,869人）
子どもを産むことが不安
3362人(69.0%)
早流産、不妊、生理異常
1023(21.0)
子どもが病気がち
734(15.1)
子どもに障害、死亡
675(13.9)
子どもの結婚に問題
625(12.8)
不安が強く子ども産めず
82(1.7)

被爆したためにつらかったこと（複数選択）

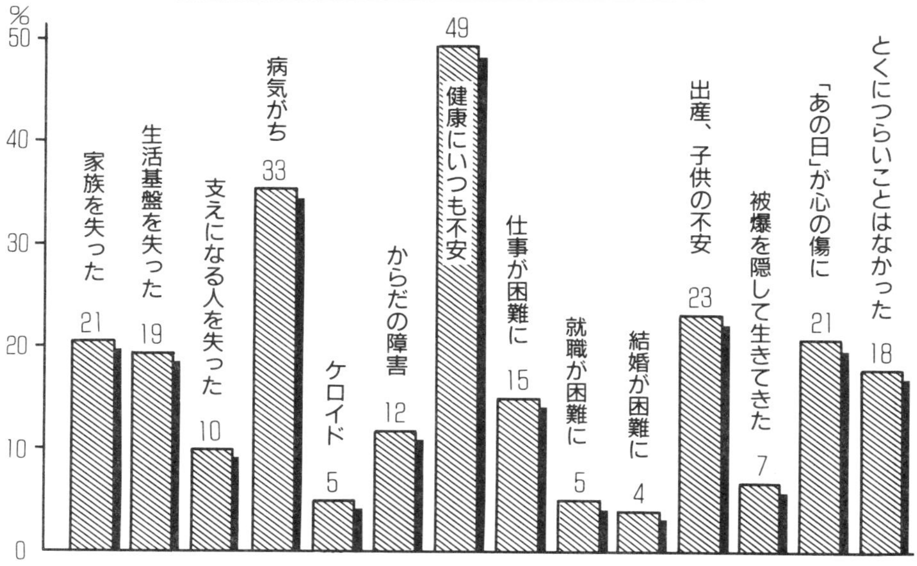

同前、被団協「原爆被害者調査」

被爆者の生活は苦しい

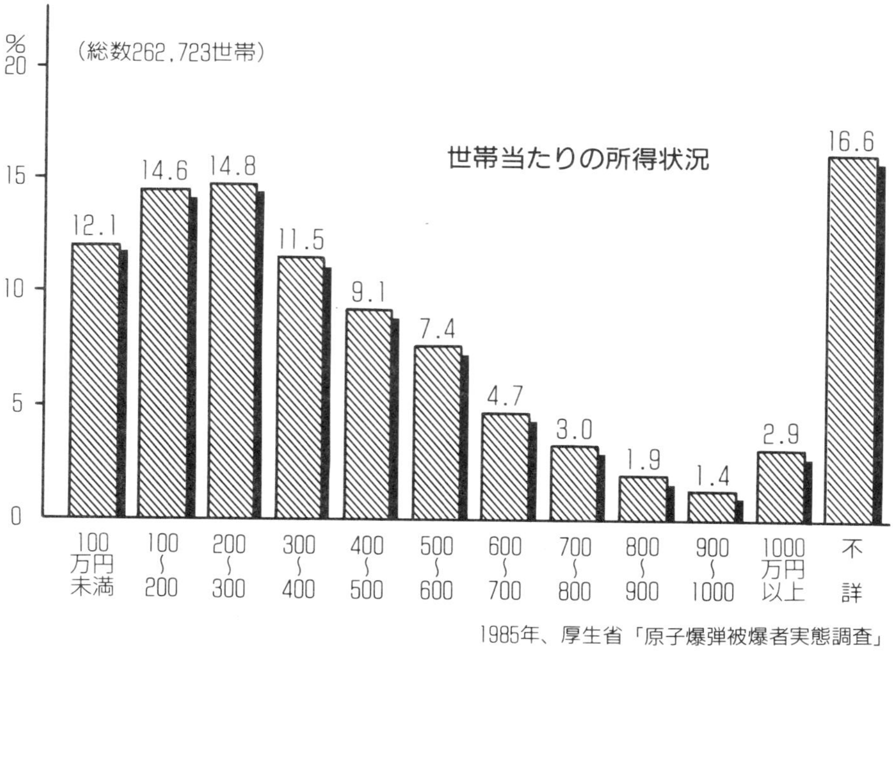

1985年、厚生省「原子爆弾被爆者実態調査」

原爆は生きる意欲をもうばった

40余年間、不安と苦しみの連続で被爆者4人に1人が生きる意欲を失った

その理由　　　　　（回答者2,931人）

毎日がずっと、病気とのたたかいであった……………………38.2%
病気がちで、家族にたえず迷惑をかけるのが苦しくて…34.2
被爆によって、自分の夢や人生の希望が断ち切られた…33.3
家族を原爆でなくし、こころの支えを失った……………29.9
生涯、治る見込みがない………………………………………29.0
あの日の体験に、こころをさいなまれて…………………21.5
死を見つめ生きる苦しさに耐えられなくて………………11.5
被爆者だといわれたり、見られたりするのに耐えられなくて…… 9.6
家庭内の不和などにより、こころの支えを失った……… 6.3

同前、被団協「原爆被害者調査」

被爆者の生きる支え

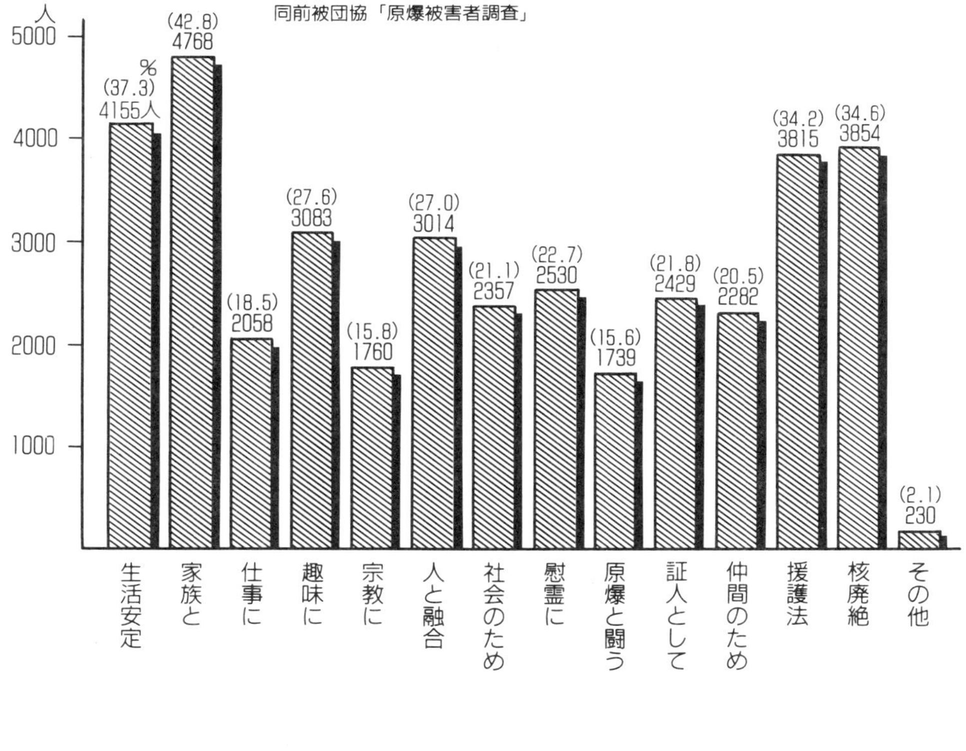

被爆者の証言②　それからの原爆死

●お互いに助かったことを喜びあったのに、母はろくな手当てもないまま日に日に胸の苦しみにもだえて、胸を切り裂いてくれと苦しがり、顔が次第にばけもののように変わってゆき、頭髪は抜け落ち、全身に小豆ほどの紫斑が出て、二目と見られない形相で８月30日に死亡した。本当にからだ全体が腐っているようだった。即死した方がどんなに楽だったかと辛い思いだった。　（静岡　女・61歳）

●息を引きとるまで意識が確かで、とても肉親の者にはせつないものです。まして、自分の死が刻一刻と近づく事を感じている本人にとってはなおさらのことだと思います。日赤のロビーに収容された患者はきっと１人も生きてはいないと思います。

（千葉　女・62歳）

●父は７年前に直腸癌の手術後、いっしょうけんめいがんばったのに、２年前に再発し、再発してからは痛みとの闘いでした。病院では被爆とは直接関係ないだろうと言われますが、被爆が関係しているような気がしてなりません。父は亡くなる直前、呼吸が少しずつ薄れていく中でも、しっかり目を見開いて、いかにも死にたくないと言っているようでした。　（山口　女・35歳）

同前

被爆者の証言③　生き残ってもなお…

●結婚のことでは悩みました。被爆者だということで反対されたことがあり、それをかくして結婚しましたが、子供を産むことが不安でした。子供が小さいころ足のつけ根にグリグリができ、もしや原爆のせいではないかと不安がつきまといました。夫にも医者にも話すことができず、一人で悩みました。いま息子は26歳になり、その結婚について人知れず悩みます。　（静岡　女・59歳）

●復員後に最初大手の会社に就職できたのですが、いろいろ症状が出て仕事が長続きせず、休む日が多いので解雇されました。その後職を転々として、仕事ができなくなるまで30数カ所も変わり、生活はとても苦しかったです。　（静岡　男・61歳）

●被爆者の名前のない人生を返してもらいたいものです。

（大阪　男・47歳）

●校舎が崩れてその下敷きになり、まだ生きているのに私たちで助け出してあげられなかった友だちの声、顔が一生忘れられません。夜布団に入ると家族や友だちが目の前に見えるようで誰にも言えず、一人で心に手を合わせています。　（山形　女・56歳）

同前

被爆者の証言④　被爆者のねがい

●昭和46年、父が癌で死亡。父は息をひきとる直前まで、「若者に原爆の恐ろしさを伝えてくれ、あんな爆弾は２度と使わせてはならん」と言い残したのです。

続いて母も癌で死亡。そして突然妹が原因不明で片目を失明し、るいれき、肋骨手術をしました。私はその後自分が手術で入院した時、今まで生きた人生を考え、つくづくこの後の人生を大事に生きる決心をし、被爆者の会の総会に出席しました。そしてここで今まであじわったことのない安心感を感じました。

会の中で、私の一家の心身を狂わせ続けたのは、残留放射能だと教えられました。その驚きは何にも例えようがありませんでした。何ということか、その場に居なかったのだから、ケガもなく火傷もなく、関係ないと思いこんで30年近く、放射能に蝕まれていることを誰からも知らされず、教えられもせず、体中の震えは止まらず、何日か泣き続けました。しかし、他の被爆者のことを知り、父の遺言となった若者に伝える責任のあることを考え、隠し続けた過去を話さなければ放射能の恐ろしさが分かってもらえないことも知りました。

平和は自ら築くもの。核兵器が一つ残らず無くなるまで、原爆被害者援護法が制定されるまで、命ある限り一人でも多くの人に話をして歩く覚悟でいます。　（埼玉　女・59歳）

同前

4 原爆はなぜ投下されたか

アメリカが原爆製造をきめたのは1942年です。当時は第２次世界大戦の真っ最中でした。科学技術の粋を集めた最新兵器が開発使用されていくなかで、ドイツが原爆開発に着手しそうだという情報をえて、これに対抗するためにアメリカ、イギリス、カナダの三国が共同で原爆開発の研究を開始したのです。これをマンハッタン計画といいます。

ドイツが原爆をつくっていないという確実な情報をアメリカが入手したのは1944年11月でした。そしてドイツは1945年５月に無条件降伏しました。

ドイツへの対抗として原爆開発に着手したのですが、アメリカはドイツに対して使うのではなく、1944年９月には、「原爆を最初に使う先は日本」と決定していました。

1945年５月には、原爆投下の先発隊がテニアン基地に派遣され、６月１日には投下する目標都市の条件を決め、７月３日には京都、広島、小倉、新潟の４都市を目標とすることを決めました。そして、この４都市は絶対に爆撃するなという命令が出されました。原爆の破壊力をはっきりと見せるために、無傷の都市が選ばれたのです。

７月下旬になって、京都が、日本の芸術文化の宝庫であり、京都を破壊すると、戦後の日本支配に支障が起きるということで目標から外され、代わりに長崎があげられました。８月１日になって、新潟が、遠くて小さすぎるということで目標から外され、結局、広島、小倉、長崎が目標となったのです。

原爆投下作戦命令書は８月２日に出ました。ここには、「攻撃日　８月６日」「攻撃目標　広島市中心部と工業地域」「特別指令　目視投下のみ」と明記されています。軍事施設どころか、非戦闘員が集まる市の中心部と、勤労動員の学徒が働いている工場に向かって原爆を投下せよと命令したのです。

世界で初めてのプルトニウム原爆(長崎に投下された原爆)の爆発実験は1945年７月16日でした。広島に投下したウラニウム原爆は、実験もしていませんでした。それにもかかわらず、２個の原爆をサンフランシスコから船積みしてテニアン基地に送り、Ｂ29爆撃機に積み込み、広島へ投下するまでの日数は、実験からわずかに20日しかありませんでした。なぜこんなに投下を急いだのか。それは、アメリカ側が一貫して主張しているような、「戦争を早期に終結させるため」ではなく、ソ連の参戦で戦争が終わる前に、巨額の資金を投じてつくった原爆の効果を実地に確かめたかったからにほかなりません。原爆による大量殺戮と徹底破壊の効果を見るためにおこなわれたのです。「大虐殺の人体実験」という人もいます。そして、その強力な爆弾を保有していることで、第２次世界大戦後の世界戦略で優位に立とうとしたのです。

5 アメリカは被爆者に何をしたか

1945年８月15日に日本が連合国に無条件降伏し、９月２日、横浜沖に停泊するミズリー号の艦上で降伏文書の調印式がおこなわれました。このとき軍に同行していた記者、W・バーチェットはひとりで広島に向かい、その惨状をみて、「ノーモア・ヒロシマ」という記事を書き送り、連合国軍司令部（GHQ）に対してアメリカの医師団による救援を要請しました。しかし、GHQは９月６日に海外特派員を集め、「原爆による後障害はありえない。広島、長崎では原爆症で死ぬべきものは死んでしまい、９月上旬現在において原爆放射能のために苦しんでいるものは皆無」という公式声明を出しました。

この声明が事実と全く違うことは、赤十字国際委員会駐日首席代表のマルセル・ジュノー博士によっても、９月３日、「広島は恐るべき惨状なり」という書き出しの電報でGHQに伝えられていました。これは、博士が広島に派遣した赤十字のメンバーからの報告によるものでした。この電報は、緊急医薬品として、包帯、綿花、スルファミド、血漿、輸血用器材の輸送を要請していました。博士の要請を受ける形で、医薬品15トンをもって、GHQの原爆関係メンバーの広島視察がおこなわれました。

このときの医薬品は、３トンが途中で盗まれてしまうというおまけまでつきました。

アメリカ軍・政府が原爆被害者に対しておこなった医療行為は、この50年間で、この12トンの医薬品提供がたった１回あったきりでした。

そして、GHQは９月19日にはプレスコードを出し、占領目的に反する報道はすべて禁止する措置をとりました。これ以後、原爆による残虐な被害の実態は世界の目から隠蔽され、それは1952年４月28日のサンフランシスコ講和条約の発効の日まで続きました。

この間、被爆者は医薬品も食料も与えられることなく、やけどと放射線の後障害に苦しみ、次々死んでいきました。

アメリカは、被爆者への医療・治療は何もしないまま、原爆の人体に対する効果を確認するためだけに、1947年３月、広島にABCC（原爆傷害調査委員会）をつくり、被爆者を強制的に連行し、熱傷や瘢痕（はんこん）を調べるため、男女にかかわらず全裸にして全身写真を撮るとか、放射線の影響を見るため脊髄液を抜き取るとか、被爆者をモルモットとして調べました。

ABCCはいま、放射線影響研究所となって日米合同で放射線の影響を研究していますが、1950年に10万9000人を対象に始めた「寿命調査」、生存被爆者の生活と寿命を調べる長期・大規模調査を今も続けています。

6 日本政府は被爆者に何をしたか

原爆投下に対して、日本政府は1945年８月10日、スイス政府を通して、「米機の新型爆弾による攻撃に対する抗議文」を発表しました。ここでは、「米国が今回使用したる本件爆弾は、その性能の無差別かつ残虐性において、従来かかる性能を有するが故に使用を禁止せられたる毒ガスその他の兵器を遙かに凌駕しおれり」「本件爆弾を使用せるは、人類文化に対する新たなる罪悪なり。帝国政府はここに自らの名において、かつまた全人類及び文明の名において、米国政府を糾弾すると共に即時かかる非人道兵器の使用を放棄すべきことを厳重に要求す」

格調が高く、いまみても原爆の非人道性を鋭くついたこのような抗議をしたにもかかわらず、日本政府はこのあと、今日に至るまで、原爆使用についての抗議は完全に沈黙してしまいました。

苦痛にうめく重傷の被爆者に対する医療も、日本政府としての適切な措置は何もしませんでした。戦災救護のために制定された「戦時災害保護法」にもとづいて、学校や寺院を救護所とし、治療や炊出し、避難生活の仮住まい所としましたが、それも２か月間だけ。広島では10月５日限り、長崎では10月８日限りで救護所は閉鎖され、被爆者はみんな秋深い戸外へ追い出されました。特別の大被害にふさわしい特別対策や、医薬品の調達、機能回復のために病院の手配をするとか、日本政府として国際的に救援を訴えるなどといったことはまったくしませんでした。

こうして、家、財産を失い、家庭も崩壊させられた被爆者は、医療を受けることもできないまま、住むに家なく、食べるにお金がなく、着るに衣類もない暮らしを強いられました。孤児になったある被爆者は、トンボやカエル、ヘビなど、食べられるものは何でも食べたと述懐しています。

日本政府が、被爆者のための施策を実施したのは、1957年４月施行の「原子爆弾被爆者の医療等に関する法律」が初めてです。これは、1954年３月１日のビキニ環礁での水爆実験による第５福竜丸事件を契機に起きた「原水爆実験禁止」の国民的大運動のなかで、原爆被爆者に対する措置が何もなされていないことが大問題になり、被爆者に健康手帳を交付し、医療費を国家負担する制度がようやく制定されたのでした。つまりは、被爆から12年間も被爆者は放置されていたわけです。

被爆から23年たった1968年５月に、「原子爆弾被爆者に対する特別措置に関する法律」ができ、一定の条件に該当する被爆者に手当が支給されるようになりました。

1995年６月末まで、この医療法と特別措置法という２つの法律によって被爆者対策はおこなわれてきました。

しかし、この制度の適用者は生存被爆者に限られ、原爆死した人とその家族には何の措置もないこと、医療特別手当の認定がきわめて不明朗であることなど多くの問題があり、認定制度のあり方については長崎の被爆者・松谷英子さんが厚生省を相手取って裁判を起こし、それがいま（1995年６月現在）もつづいている状況です。

このため、「国家補償としての原爆被爆者援護法をつくれ」という運動が、日本被団協によって粘り強くつづけられ、支援の国民の輪が大きく広がり、世論と運動に押された村山内閣によって、1994年12月９日に「原子爆弾被爆者に対する援護に関する法律」が制定されました。この法律は、原爆投下時に遡って原爆死没者に施策を及ぼしたこと、諸手当の所得制限を撤廃したことなど、大きく前進した面がありますが、援護法の魂ともいうべき「国家補償」の精神が抜かれているなど、基本的なところで被爆者の要求と大きくへだたったものになっています。

国家補償の原爆被爆者援護法制定を求め、原爆犠牲者の遺影
をいだいて厚生省前で座り込む人びと（写真：桐生広人）

7 被爆者の要求

被爆者の要求は、何よりも、核兵器をこの地球上からすべてなくすことです。1発の原爆によって、肉親や、友人、知人を殺され、生き残った自分もまた、原爆後障害によって半世紀にわたって苦しめられてきた被爆者としては、自分たちのような核兵器による犠牲者が、世界のどこにもつくり出されることがあってはならないと、心から願っています。核兵器は人類と共存できない悪魔の兵器です。だから、核兵器をこの地球上からすべてなくしてほしいと願っています。

日本被団協は、毎年8月6日と8月9日にあわせて広島と長崎で「ノーモア・ヒバクシャ　国民のつどい」を開いています。このつどいには全国の被爆者が参加し、核兵器をなくすため、生涯をかけた運動をつづけることを誓いあいます。

被爆者のもう一つの願いは、国家補償の原爆被爆者援護法の制定です。原爆被害は、国が起こした戦争の結果としてもたらされたものです。そして、その被害は人類がかつて体験したことのない無差別、大量の残虐きわまる殺傷であり、生き残った人にも半世紀にわたる苦痛と、2世、3世につづく不安をあたえつづける被害です。非人道、国際法違反の悪魔の兵器の使用です。この兵器を使ったものの責任はきびしく問われなければならないものです。しかも、アメリカ軍は被爆者に対する医療を妨害し、被爆者の実態を知らせる報道をいっさい禁止しました。日本政府はこれに抗議するどころか、被爆者を放置し、被爆の実態を隠ぺいし、1951年のサンフランシスコ講和条約締結の際、残虐行為に対しておこなうことができる損害賠償請求権を放棄しました。このため原爆死没者は名前の確認もされず、生き残った被爆者は、からだ、こころ、くらしで、痛苦に満ちた人生を強いられました。

このような、戦争責任、原爆投下責任、被爆者放置・隠ぺい責任、賠償請求権放棄責任という、一連の国家責任に基づく償いを求めるのが、国家補償に基づく原爆被爆者援護法制定の要求の基本です。

日本被団協は1984年11月18日、被爆者運動の憲法ともいえる『原爆被害者の基本要求－ふたたび被爆者をつくらないために』を発表しました。日本被団協の運動はこの「基本要求」の実現をめざす運動として繰り広げられています。

1994年12月に制定された「原子爆弾被爆者に対する援護に関する法律」は、被爆者が要求する「国家補償」としての法律になりませんでした。このため、日本被団協はこれの改正、改善、活用を図りながら、国家補償の法律にするよう要求しています。

8 被爆者の運動

【日本被団協結成まで】

日本を占領、支配した連合国軍最高司令官総司令部＝ＧＨＱは、1945年９月19日、プレスコードを発布し、原爆報道をいっさい禁止しました。そうしたなかでも、健康と暮らしをめちゃめちゃにされ、健康回復と生活に懸命の日々を送っていた被爆者たちは、1945年12月７日に広島で「広島戦災者同盟」の大会を開き、「戦災者に食糧、衣料、住宅を与えよ。戦災幼児を救済せよ」と決議。長崎では同月、「長崎戦災者連盟」を結成し、「被災者に建築資金の貸与を」「治療費、入院費の無料化」などを要求し、運動を起こし、建築資金の貸与をかち取るなどしました。

被爆１周年の1946年２月には、広島で「原爆犠牲者追悼文化人大会」などが開かれ、８月６日には広島で「原爆死没者追悼法会」、９日には長崎で「長崎市戦災死没者慰霊祭」がおこなわれました。

1950年３月に、平和擁護世界大会が「原子兵器の絶対禁止と厳重な国際管理と最初に使用するものを戦争犯罪人として取り扱う」というストックホルム・アピールを出し、全世界的な署名運動が起き、６月に朝鮮戦争が勃発する頃から、被爆者の運動は活発になっていきました。1951年８月、詩人峠三吉は『原爆詩集』を、広島大学教授の長田新は原爆被災の少年少女の作文集『原爆の子』を編集し、同年10月刊行しました。

サンフランシスコ講和条約が発効した1952年４月28日以降は、米軍の直接的な干渉がなくなり、同年８月、『アサヒグラフ』が初めて原爆被害の特集号を発行。同月10日には広島に「原爆被害者の会」が結成され、1953年６月２日には長崎に「原爆乙女の会」が結成されました。

1954年３月１日、アメリカがビキニ水域で水爆実験をし、その死の灰をあびた漁船、第５福竜丸の乗組員が死亡し、マグロの放射能汚染が大問題になったのをきっかけに、原水爆実験禁止の運動が大きく盛り上がりました。

この大運動のなかで第１回原水爆禁止世界大会が1955年８月６日に広島で開かれました。これに激励されて、1956年３月19日に広島県原爆被害者団体協議会、６月23日には長崎原爆被災者協議会が結成され、８月10日に日本原水爆被害者団体協議会が結成されました。

結成大会宣言「世界への挨拶」では、「私たちの体験をとおして人類の危機を救おうという決意を誓い合った」と格調高くのべています。要求として、「原水爆の禁止、国家補償の援護法の制定、原爆被害者の自立更生」を掲げました。

【日本被団協の結成後】

イ）原爆被爆者援護法の制定を求める運動

日本被団協の結成と国民的な運動の広がりのなかで、政府がこれまで被爆者対策を放置し、なに一つ施策を実施していなかったことが問われ、被爆から12年目の1957年になってようやく、「原子爆弾被爆者の医療等に関する法律」（原爆医療法）が制定されました。これは、原爆被爆者の医療費は国の負担でおこなうというもので、特徴としては、日本で唯一の国籍条項のない法律でした。原爆被爆者が日本人だけでなく、24カ国にもおよぶ外国人被爆者をも、法の対象にしなければならなかったからです。しかし、当初は爆心地から2キロ以内の被爆者だけを対象にするなど、不備だらけの法律だったため、改善・充実の要求が毎年繰り返されました。

1966年10月、日本被団協は『原爆被害の特質と被爆者援護法の要求』（つるパンフ）をまとめ、国家補償による被爆者援護を求める根拠を明らかにしました。これをもとに、日本被団協の大行動が始まりました。東京のど真中、数寄屋橋での座り込み、街頭宣伝、国会要請、被爆者全国行脚などが力強く展開されました。これに多くの文化人、世論が支持を寄せるといった行動（1967年）が重ねられ、被爆23年目の1968年5月、「原子爆弾被爆者に対する特別措置に関する法律」（特別措置法）が制定されました。

これは一定の条件にあたる被爆者に手当を支給する法律ですが、あくまで社会保障制度であり、国家補償ではありません。このため日本被団協は1973年4月、「原爆被爆者援護法案のための要求骨子」を発表。これに基づいて野党各党が原爆被爆者援護法案を作成。それが野党4党案にまとまるなどして、国家補償の原爆被爆者援護法の制定の課題は国会での最重要課題の一つとなりました。

1978年3月、被爆者健康手帳の交付を求める韓国人の裁判について最高裁の判決が出て、被爆者対策には「国家補償的配慮が制度の根底にある」と位置づけられました。追いつめられた厚生大臣は私的諮問機関として「原爆被爆者対策基本問題懇談会」（基本懇）をつくり、被爆者対策のあり方を諮問しました。ところが、この「基本懇」は1980年12月、戦争による犠牲は「すべての国民がひとしく受忍しなければならない」という「受忍」政策を打ち出し、大臣に答申しました。

日本被団協は、「原爆による犠牲がどうして受忍できようか」と激しく反論し、これに対置する『原爆被害者の基本要求』を全国的な討論のなかで練り上げ、1984年11月に発表しました。「核兵器廃絶」と「国家補償の原爆被爆者援護法制定」を2本柱とするこの『基本要求』は、その後の被団協運動の〝憲法〟となっています。

日本被団協はこの「基本要求」で打ち出した4項目要求（①国家補償、②死没者弔慰金、③被爆者年金、④医療の国負担）の実現をめざし、国民署名、地方自治体での促進決議、国会議員の賛同署名という、3点セットの運動をおこしました。これは1994年末までに、署名1000万、促進決議2472自治体、国会議員の賛同者522 人（全国会議員の３分の２）という、大きな広がりをつくり出しました。こうした国民世論の盛り上がりにおされて、「国家補償の精神に基づき」被爆者対策をおこなうことを明記した野党６会派案が、1989年12月と1992年４月の２回、参議院で賛成多数で可決されました。ところが、衆議院では自民党の反対でまったく審議されないまま、２回とも廃案にされました。しかし、被爆45周年の1990年11月には厚生省を3000人の被爆者と支援者が取り囲む「人間の輪」行動、被爆47周年には遺影をかかげての弔意表明式や遺影行進がおこなわれるなど、「国家補償の援護法」を求める運動は、３点セットの広がりとともに、政治の焦点に位置づけられるようになってきました。

1993年８月に細川連立内閣ができてから、「被爆者援護法に関するプロジェクト」がつくられ、1994年５月に羽田連立内閣に代わるといった政変がありましたが、12回の協議がなされ、「国家補償的配慮」にもとづくとの法案をまとめました。

この羽田内閣も２か月で、社会、自民、新党さきがけ３党連立内閣に代わりました。３党は「戦後50年問題プロジェクト」をつくり、被爆者援護法問題を最優先課題として協議を重ね、11月２日、３党が「政府調整案」に合意し、11月22日に「原子爆弾被爆者に対する援護に関する法律」案が国会に提出され、12月２日に衆議院で賛成多数で可決、12月９日に参議院で可決され、制定されました（同法は1995年７月１日から施行）。

この援護法には、被爆者が強く求めていた「国家補償」が明記されず、新しくできた制度も矛盾がいっぱいでした。しかし、これまでの法制度を大きく超える内容をもっているため、日本被団協は、法の制定を「世論と運動でかちとった着実な成果」と評価し、今後は「国家補償」の援護法にしていくための改正・改善、活用の運動をつづけることにしています。

ロ）核兵器の廃絶を求める運動

核兵器を廃絶させる運動で被爆者は、国内外の原水爆禁止を求める運動と結合して、被爆の実相の「語り部」として、運動をつづけています。国際的な活動も活発で、日本被団協代表団として訪れた国は、アメリカ、カナダ、イギリス、旧ソ連、ロシア、カザフ、ウクライナ、旧東ドイツ、旧西ドイツ、ドイツ、フランス、オーストリア、オランダ、ギリシャ、イタリア、スイス、デンマーク、スウェーデン、ノルウェー、スペイン、ユーゴ、ルーマニア、中国、韓国、インドネシア、セイロン、ベトナム、インド、ガーナの29か国で、国連、ＮＧＯにも遊説しています。

このほかに、原水爆禁止日本協議会、原水爆禁止国民会議などの外国遊説のさいに被爆者が同行して訴えた国が数十か国あります。

また、日本被団協が文書で訴えた国は128か国におよびます。

日本被団協はまた、アメリカ、旧ソ連の核兵器の実験で放射能被害を受けたネバダ、セミパラチンスク周辺住民を訪ねて調査、懇談し、核兵器実験によって深刻な被害が広い範囲で起きていること、これらの被曝者は、国の被害隠ぺい政策のため、適切な医療も受けられず、補償もなく、生活も大変な状態になっていることを明らかにしました。

このため日本被団協は、1993年８月、世界各地の核被害者とともに、各国首脳に対して、①核兵器廃絶の国際協定を締結すること、②核実験被害者に対する国際的救援をすること、③国際司法裁判所に「核兵器使用は違法」の陳述書を出すこと、の３点で賛同署名を寄せることを訴えるアピールを出しました。これには、11か国から賛同の署名や意思が寄せられています。

1993年５月に、世界保健機関（ＷＨＯ）が「核兵器の使用は、人間の健康と良好な環境を保全することを目的としたＷＨＯ憲章に違反しているのではないか」ということで、国際司法裁判所に司法判断を求める決議をしました。国際司法裁判所はこれを受けて、加盟各国政府に1994年６月20日を期限に「陳述書」を提出するよう求めました。

日本被団協は反核日本法律家協会、国際法律家協会とともに「世界法廷運動日本センター」をつくり、日本政府に原爆被害の実態に即して、原爆使用の非人道性を明確にした「陳述書」を提出するよう求めて要請を重ねました。このなかで政府側が「核兵器の使用は国際法違反とはいえない」という陳述書を出そうとしていることがわかり、国会でも大問題になり、この部分は削除となりました。しかし政府は、「違法とはいえない」という態度をとりつづけています。

1994年12月15日には国連総会で、「核兵器の使用や威嚇は国際法で許されるかどうか」ということについて国際司法裁判所に司法判断を求める決議が、賛成78、反対43、棄権38で採択されました。

日本被団協は、ふたたび被爆者を世界のどこにもつくらないために、核兵器の廃絶と、核兵器による被害に対する国による補償制度の確立のため、たゆむことなく運動をつづけているのです。

参議院で被爆者援護法案が賛成多数で初めて可決された瞬間（1989年12月）

9 被爆者の網の目援護・相談活動

1994年3月末現在、原爆被爆者手帳を持っている被爆者は33万3812人です。全国的な平均年齢の統計はありませんが、全国平均より若いといわれる東京でも、1994年末の平均年齢は63.5歳となっています。独り暮らしの被爆者は、1985年の厚生省調査でも11％でしたから、いまはいっそう比率が高くなっていると考えられます。

病気を持って病院、診療所に通院、通所している被爆者は多数です。厚生省の調査でも、1985年10月2日に入・通院したものは42・6％にのぼっています。一般国民の入・通院率が25・3％（昭和60年度国民健康調査）であることと比べると、大変な高率であることが特徴です。

このため、被爆者の病気や生活についての不安、心配事がたえず、また、孤独のため話し相手を求める要求が絶えず、電話や来所による相談が日本被団協中央相談所に年間6000ないし7000件、東京でも7000件ないし8000件の相談があり、各県被団協とも相談への対応が大きなウエイトを占めています。

日本被団協中央相談所はまた、毎年、相談事業講習会を8か所で、巡回相談会を数回開き、制度の説明や被爆者としての生き甲斐などを講習し、相談に乗っています。

政府は、被爆者相談事業については、1994年度まで被爆者が5000人以上住んでいる10都府県と広島、長崎両市には補助を出してきましたが、1995年度からは制定された「原子爆弾被爆者に対する援護に関する法律」にもとづき、47都道府県すべてと広島、長崎両市に対して、相談事業への補助金を出すことになりました。

多くの人々が参加し、核兵器廃絶、被爆者援護を求める集いが全国各地で開かれる

10 被爆の実相普及、語り残し運動

被爆から半世紀を経て、亡くなっていく被爆者は急速に増えています。また、年とともに、戦争と原爆への記憶は薄れ、若い人々の関心は別の方向へと向かっています。今のうちに被爆体験を語り残し、書き残しておかなければ、世界で唯一の被爆国の被爆体験は永久に消えてしまいます。

このため日本被団協では、被爆50周年に向かって、日本青年団協議会、日本生活協同組合連合会などとともに、被爆体験の「聞き書き・語り残し」運動を起こしています。全被爆者にこの運動への参加と、「一行でも書き残そう」「一言でも語り残そう」と呼びかけています。

被爆の実相を後世に語りついでいくために、原爆ドームなど被爆の実相の無言の語り部ともいえる被爆遺跡の保存も重要です。原爆ドームについては、「世界遺産」として残すようにとの運動が、国民的共感をえておこなわれています。

活字で、録音テープで、写真で、絵で、ビデオで、映画で、碑でと、さまざまな手段を使っての被爆の実相と証言の語り残しがつづいています。

「国家補償の被爆者援護法実現」の運動には大江健三郎氏なども賛同し、参加している(写真:桐生広人)

11 被爆者を包む運動

原爆被爆者は、「核兵器をなくせ」「原爆被害者をふたたびつくるな」という国民の厚い支援のなかで励まされ、生きてきました。

日本被団協が結成できたのも、1954年3月1日にビキニ水域でおこなわれたアメリカの水爆実験によって第5福竜丸などのマグロ漁船が死の灰を浴び、日本人の食卓に欠かせないマグロが放射能に汚染されたことを契機に、「原水爆実験禁止」「被害者補償」を求める大国民運動が盛り上がったことによるものでした。

1978年には、「被爆問題市民団体懇談会」が11団体によってつくられ、被爆35周年の1980年までに国家補償の援護法を実現させようと、2000万国会請願署名にとりくむことが決められました。

11団体は、日本生活協同組合連合会、日本青年団協議会、全国地域婦人団体連絡協議会、宗教ＮＧＯ、婦人有権者同盟、キリスト教矯風会、主婦連合会、キリスト教女子青年会、婦人国際自由連盟、日本看護協会、それに日本被団協です。

署名は各団体の創意を生かしてとりくまれました。地婦連は「母と子の立場から」、日青協は「青年の訴え」で、宗教者は「宗教上から人道主義をふまえて」と、署名用紙も独自性を生かして、文字どおり「草の根」の運動として広がりました。

これらの運動に押される形で、1980年6月、厚生大臣は私的諮問機関として「原爆被爆者対策基本問題懇談会」（基本懇）をつくり、「被爆者対策の基本理念と制度の基本的在り方」についての答申を求めました。被爆者はじめ多くの国民は、こんどこそ被爆者に有利な答申が出るのではないかと期待しました。ところが同年12月1日、基本懇は「戦争による犠牲はすべての国民がひとしく受忍すべきだ」と答申。被爆者への国家補償を拒否し、被爆者が受けた放射線による健康被害に即した施策をするだけで十分だ、という考えを打ち出しました。

これに対して日本被団協は、「原爆犠牲は到底受忍できない被害だ」として答申を強く批判。「受忍」できない被爆の実態を明らかにするために「原爆を裁く国民法廷」運動を提唱しました。これを法律家や被爆問題市民団体懇談会のみなさんが支えて、各地で成功させました。2000万署名は、この法廷運動とも結びついて進められ、1983年3月9日までに1120万の署名が国会へ提出され、運動はひとまず終結しました。

日本被団協は、基本懇答申を乗りこえるために、1984年11月『原爆被害者の基本要求』を発表。85年春から、日本被団協としては初めての大規模な被爆者調査を実施し、40年もつづく原爆被害の深刻な実態を明らかにして、世論に訴えました。

そして、新しく、国会請願の1000万国民署名と、地方自治体での援護法制定促進決議の採択と意見書の提出、国会議員の賛同署名獲得――という３点セットの運動を提唱。被爆45周年にはなんとしても援護法の実現をという、新たな意気込みでの運動が始まりました。

この運動を成功させようと、1990年１月22日、各界の著名人56氏を呼びかけ人とする「被爆者援護法実現・みんなのネットワーク」がつくられました。12の県にも、地方ネットワークがつくられました。

「援護法実現・みんなのネットワーク」は、国会請願の中央行動や請願署名集めに日本被団協と力を合わせて大奮闘。1994年11月までに、国会請願署名1000万、地方自治体の促進決議2472（全自治体の74.8％＝住民人口１億600万人）、国会議員の賛同署名522人（衆議院議員351人＝69％、参議院議員171人＝68％）を獲得する大きな成果をあげました。

こうした世論の盛り上げは、世論調査にも反映し、94年９月にＮＨＫがおこなった対面式の世論調査では、「国家補償の援護法を制定すべきだ」と答えた人が64％、「必要ない」は13％にすぎませんでした。また、日本世論調査会が同じ９月におこなった調査でも、「国家補償を柱にした援護法が必要」と答えた人が61％、「必要ない」は９％にすぎませんでした。

このような世論と運動が村山連立内閣をつき動かし、1994年12月９日、「原子爆弾被爆者に対する援護に関する法律」が制定されました。

この法律には、成果として確認できるものと、改正すべき問題点もあり、日本被団協では法の改正や改善の要求を掲げて運動をつづけています。

原爆被害者への国家補償は国民の世論

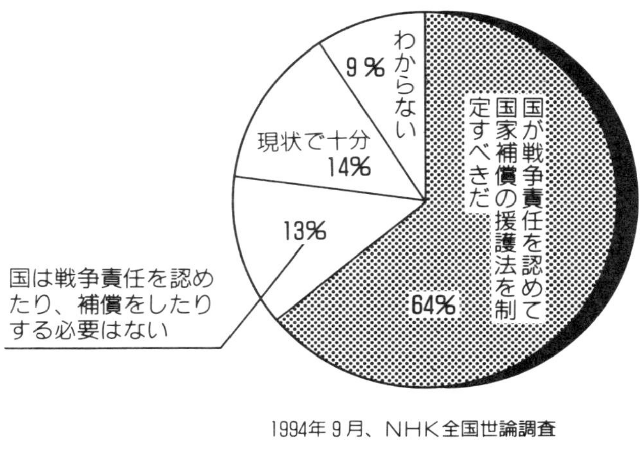

1994年９月、ＮＨＫ全国世論調査

3

広島・長崎の
碑・遺跡・施設めぐり

①この「碑・遺跡・施設めぐり案内」は、紙芝居パックに同封してあります広島・長崎イラストマップと照らし合わせながら読み、ご活用下さい。イラストマップに記されている番号は、この「案内」文中の番号と同一です。

②この「案内」執筆には、次のような文献を参考にさせていただきました。

水田九八二郎著『ヒロシマ・ナガサキへの旅』(中公文庫)

黒川万千代著『広島の碑』(新日本出版社)

原水爆禁止長崎協議会編『長崎の伝言』

江口保著『碑に誓う』(東研出版)

長崎の原爆遺構を記録する会編『原爆遺構　長崎の記憶』(海鳥社)

広　　島

平和公園内とその周辺

①平和大通り
②平和大橋・西平和大橋
③市立高等女学校職員生徒慰霊碑
④天神町南組町民慰霊碑
⑤マルセル・ジュノー博士像
⑥広島平和記念公園
⑦原爆資料館
⑧ローマ法王平和アピールの碑
⑨原爆慰霊碑
⑩平和の池
⑪平和の灯
⑫平和祈念像（草野心平詩碑）
⑬祈りの像
⑭原爆の子の像
⑮平和の石塚
⑯平和の泉
⑰平和乃観音像
⑱慈仙寺跡
⑲原爆供養塔
⑳平和の鐘
㉑平和の時計塔
㉒相生橋
㉓原爆ドーム
㉔原民喜詩碑
㉕動員学徒慰霊塔
㉖爆心地の碑
㉗原爆犠牲　ヒロシマの碑
㉘広島市レストハウス
㉙天神町北組町民慰霊碑
㉚峠三吉碑
㉛全損保労組記念碑
㉜被爆アオギリ
㉝祈りの泉
㉞嵐の中の母子像
㉟平和の像「若葉」
㊱原爆犠牲国民学校教師と子どもの碑
㊲広島市商・造船学校慰霊碑
㊳県立広島第二中学校職員生徒慰霊碑
㊴安佐郡川内村温井義勇隊の碑
㊵韓国人原爆犠牲者慰霊碑
㊶本川国民学校の被爆遺構
㊷慈母碑
㊸友愛碑
㊹平和の塔
㊺被爆動員学徒慈母観音像
㊻広島県農業会原爆物故者慰霊碑
㊼石炭関係者原爆殉難者慰霊碑
㊽広島瓦斯ＫＫ原爆犠牲者慰霊碑
㊾平和祈念碑
㊿広島郵便局職員殉職碑
51広島県地方木材統制ＫＫ慰霊碑
52中国四国土木出張所殉難碑
53灯篭流し

市　内　全　域

54大田洋子文学碑
55陸軍病院跡と枯れた被爆エノキ
56被爆クスの木
57エドマンド・ブランデン詩碑
58広島城跡
59「生ましめんかな」の詩碑
60禿翁寺の六地蔵
61縮景園
62斉美国民学校職員生徒慰霊碑
63世界平和記念堂
64二葉山
65比治山
66広島陸軍兵器支廠跡
67被服支廠倉庫跡
68被爆ヤナギ
69被爆者の森
70劇団さくら隊原爆殉難の碑
71殉難医師医療従事者合同碑
72広島第一県女追憶の碑
73ラ・パンセ
74袋町国民学校
75白神社跡
76市役所
77広島赤十字・原爆病院
78原爆養護ホーム船入むつみ園
79原爆養護ホーム神田やすらぎ園
80三滝山無縁墓地
81似島

①平和大通り

通称「100メートル道路」と呼ばれるこの道は、東は鶴見橋（中区）から西は新己斐橋（西区）までのおよそ4キロメートルの公園道路です。1949（昭和24）年に公布された広島平和記念都市建設法に基づいて、平和公園とともに整備された都市計画道路です。1949年に着工、1955年に完成しました。

原爆投下前、空襲で市街が延焼するのを南北に遮断するため、強制建物疎開でできたもの。

街路内の緑地帯には、広島市民の平和への願いをこめた各種記念碑や像が建てられ、説明板には「国際平和文化都市〝広島〟の都市的景観を特徴づけている」と書かれています。

②平和大橋・西平和大橋

東側、元安川をまたぐのが、広島の日の出（未来）を象徴する平和大橋です。幅16メートル、全長85メートル。

西側、本川をまたいでいるのが西平和大橋。幅は16メートル、全長は102メートルあります。

ともに、在米の日系彫刻家イサム・ノグチの設計です。

平和大橋の完成は1951（昭和26）年7月、西平和大橋は同年9月に完成しました。

③市立高等女学校職員生徒慰霊碑

8月6日朝、勤労報国隊として1、2年生が材木町付近で、家屋疎開作業中に原爆に遭って亡くなった広島市立高女教職員、生徒679柱の霊を弔うため、1948（昭和23）年9月6日、遺族会が母校（舟入川口町）の御真影奉安庫跡に記念碑（平和塔）を建てましたが、1957（昭和32）年6月20日、平和大橋西詰め、元安川河畔緑地帯の現在地に移設しました。

碑面の構想は湯川秀樹博士。制服（上着）を着てもんぺをはき、「$E = MC^2$」(原子力エネルギー。EはEnergy、MはMassの頭文字で、Cは光の速度を表す）の記号のついたパンドラの箱を持った1人の少女に、左右から花輪（慰霊）とハト（平和）を捧げる2人の学友の姿が刻まれています。

④天神町南組町民慰霊碑

爆心地から100メートルの地にあった天神町は、住民も家屋も全滅状態で、今では平和公園となり、その町名さえ残っていません。

平和大橋西詰めの河畔緑地帯にあるこの慰霊碑は1973（昭和48）年7月15日、旧町ゆかりの有志が建立。原爆即死者115柱、戦死者11柱、町内の被爆前役員30柱、被爆生存者でその後の死没者34柱、合計190柱を合祀しました。

御影石の慰霊碑に「慰霊」の文字と、吉田正浪（比治山女子短大教授）のデザインによる３人の天女の舞う銅板がはめ込まれています。

⑤マルセル・ジュノー博士像

赤十字国際委員会駐日首席代表でスイス人医師のマルセル・ジュノー博士は、被爆直後の９月早々、広島に入り、「広島は恐るべき惨状なり」と、連合軍最高司令部に打電、緊急医薬品の援助を要請しました。15トンの医薬品が広島に送られ、博士は多くの人命を救助しました。国境を超えたジュノー博士の人類愛と業績をたたえ、1979（昭和54）年９月８日、広島県医師会が平和大橋西詰めの緑地帯に、記念碑を建立しました。

碑は黒御影石で高さ75センチ、幅1.5メートル。正面中央に博士のブロンズ製のレリーフ、その左右に日英両語で博士の紹介と業績を刻み、裏面にはジュノー博士の自伝風の著書『第三の兵士』（「国際赤十字人」の意）の一節、「無数の叫びが／あなたたちの／助けを／求めている」と記されています。

⑥広島平和記念公園

平和記念公園、通称平和公園は、太田川の６本の分流がかたちづくるデルタの中央の中洲にあり、本川と元安川に囲まれた三角洲の北側に、約12万平方メートルを占めています。このデルタの頂点には、Ｔ字型の相生橋がかかっており、元安橋とともに原爆ドームに通じています。そして、南端は平和大通りで仕切られています。

この公園の特徴は、原爆ドームを北の頂点として、南へ平和の灯、原爆慰霊碑、原爆資料館、祈りの泉が一直線上にあることです。また、高床式資料館を中央に、東側に原爆資料館、西隣に国際会議場が左右対象に配置されています。公園内には数多くの慰霊碑、供養塔、平和記念施設などが建設されています。

1949（昭和24）年、公募された設計図の中から丹下健三氏ら４人のグループの作品が当選、広島平和記念都市建設法によって建設されたものです。

⑦原爆資料館

正式名称は「広島平和記念資料館」。「広島の原爆被害に関する諸資料の収集、保管、展示を行い、広く国内外の人びとにその被害の実相を語るとともに、凄惨な事実を永く後世に伝え、人類の恒久的な平和に寄与する」ことを目的に建設されたものです。総工費3000万円をかけて５年がかりで1955（昭和30）年８月６日開館。以来、

２度ほど改修されています。
　東館から入ると、原爆投下にいたるまでの広島を中心とした歴史的背景に始まり、つづいて原爆によって破壊された街を再現した「死のまち」、熱線、爆風、放射線などによる被害の実情、後障害の苦しみ、などがわかりやすく展示されています。また、「被爆者は語る」のコーナー、思索の場「永久の祈り」などがあり、原爆被害の実相と被爆者の体験や苦しみが理解できるようになっています。
　入館料は大人50円、小・中・高生30円（団体割引きあり）。問い合わせ電話(082)241－4004

⑧ローマ法王平和アピールの碑　資料館受付ロビー

⑨原爆慰霊碑（広島平和都市記念碑）
　平和公園の中心にあり、正式名称は「広島平和都市記念碑」。1952（昭和27）年８月６日除幕。碑の中央に安置された黒御影石の石室の前面には、広島大学教授（当時）雑賀忠義の撰文と揮毫になる碑文「安らかに眠って下さい／過ちは／繰返しませぬから」が刻まれ、埴輪をかたどった屋根が石室をおおっています。石室には原爆死没者の名簿が収められています。
　碑の前に立てば、延長線上に平和の灯が燃え、その向こうに原爆ドームが望まれます。
　毎年８月６日の午前８時、この碑の前の広場で、広島市主催の「原爆死没者慰霊式並びに平和祈念式」が行われます。

平和の池と平和の灯（後方）

⑩平和の池
　原爆慰霊碑の左右を囲んで後方に広がる幅15メートル、長さ50メートルの長方形の池。水を求めて死んだ被爆者への思いを込めてつくられたものです。
　1957（昭和32）年竣工、日本青年会議所が広島市に寄贈したものです。

⑪平和の灯
　平和の池と接して原爆慰霊碑の後方50メートルのところにあります。設計は丹下健三。高さ３メートル、幅13メートル、奥行８メートル。台座は両手に天空を開いた形を抽象化したもので、あかあかと聖火が燃え続けています。1964年８月１日点火。

⑫平和祈念像（草野心平詩碑）
　広島平和祈念像建設会が1977（昭和52）年に建立。全国の学校に呼びかけて、募金しました。平和公園慰霊碑北の木立の中にありま

す。

像の横には詩人、草野心平の「平和祈念像に寄せて」と題した詩碑があります。

祈りの像

「天心の三日月の上に　幻でない母と子の像　これこそ永遠の平和の　象徴　童子よ母の愛につつまれて　金のトランペット吹き鳴らせ　天にも地にも透明な　平和の調べ吹きおくれ　どんな未来がこようとも　頬っぺいっぱいふくらまし　No more Hirosimaの
金のトランペット吹き　鳴らせ／一九七八年八月／草野心平」

⑬祈りの像平和公園内

⑭原爆の子の像

佐々木禎子さんは、2歳の時、広島の爆心から1.5キロの自宅で被爆しました。奇跡的に無傷で助かり、元気に育ちましたが、小学校6年生の秋、突然、原爆のため白血病にかかりました。入院した禎子さんは、鶴を折れば病気は治ると信じ、ベッドの上で鶴を折り続けました。ところが中学校に進んだ次の年の10月25日、みんなの願いもむなしく、ついに亡くなりました。

同級生たちは、原爆のためにこんな悲しいことが2度とあってはならないと生徒会にはかり、全国の生徒たちに「原爆の子の像」の建設募金を訴えました。募金額は500万円を超えました。

3本の脚に支えられたロケット型の台座の上で折り鶴を頭上に掲げる少女が立つ「原爆の子の像」が除幕したのは1958（昭和33）年5月5日。碑の正面には「これはぼくらの叫びです／これは私たちの祈りです／世界に平和をきずくための」と刻まれています。

⑮平和の石塚

原爆の子の像に向かって右側後方に、石の庭がつくってあり、その中央に黒い記念碑が石にはめ込んであります。ここの黒い石がベンネービス山の石で、次のような贈呈の辞が日英両語で刻まれています。

「スコットランドのフォートウイリアム市とイングランドのダッドレイ市の青年より、善意と世界平和を願うシンボルとして、広島の青年にベンネービス山の石を贈る　一九七二年八月二日」

寄贈を受けたのは広島青年会議所で、これを平和公園に譲渡しました。

側に「ダッドレイとフォートウイリアムス及び広島の青年達は〝平和と友情の証〟をここにしるす」と題のある立看板があって、贈呈のいきさつが記されています。

⑯平和の泉

原爆の子の像の近くにあります。

高さ１メートル、長さ４メートルの大谷石の壁の上部にしつらえた、陶器製のライオンの口から清冽な水がしたたり落ちています。

水を求めて亡くなった被爆者の渇を慰め、どうかこの泉をとの思いから1960（昭和35）年９月、広島青年会議所が創立10周年を記念して設置、広島市に寄贈しました。

⑰平和乃観音像

平和公園の北端にあたる、うっそうと木立のしげるあたりに「平和乃観音像」があります。昭和のはじめまで広島の繁華街だった中島本町があったところ。一瞬にして全滅し、外出中だった人だけがわずかに生き残りました。台座の裏には「嗚呼中島本町の跡」と刻まれており、「中島本町町民慰霊碑」とも呼ばれています。

1956（昭和31）年８月６日、当時の町内会長をはじめ生存者たちが、町民の慰霊のために建立、広島市に寄贈したものです。

⑱慈仙寺跡

平和公園の西北、旧中島本町にあった浄土宗西山派の寺院、慈仙寺は、爆心地から約300メートル。一瞬にして境内のすべての建物と住職ら全員が蒸発してしまい、その墓地は強烈な爆風で破壊されてしまいました。今も公園内にある倒れた墓石が、原爆の物凄さを語っています。

慈仙寺はその後、中区江波二本松１丁目に移転し、〝あの日〟熱線を浴びた150余の墓石も移されました。

⑲原爆供養塔

平和記念公園北側にある直径10メートルばかりの円墳芝生におおわれた頂上に、五重の相輪が一基すえられています。正式名称は「原爆犠牲者供養塔」。内部の納骨堂には約７万柱と推定される無縁仏が安置されています。

原爆翌年の1946（昭和21）年、当時、無数の遺体を焼いたこの地に仮の供養塔が建てられ、10年後に現在のものになりました。

すぐ北側には「原爆死没諸慰霊供養塔」があります。それに並んで「遭難横死者慰霊供養塔」も建っており、塔には「為原爆遭難横死者慰霊」と刻まれています。

⑳平和の鐘

宇宙を象徴したドームの中にあります。鐘の高さは1.5メートル、重さ1209キロ。周囲の池には蓮が植えられています。

鐘の表面には〝世界は一つ〞を象徴する国境のない世界地図が浮き彫りにされ、「自己を知れ　森戸辰男」の銘が入っています。森戸は広島県生まれ、文化功労者、元広島大学長。広島悲願結晶の会が県下から浄財を募り、1964（昭和39）年９月20日完成。

㉑平和の時計塔

平和記念公園の北端にあります。

高さ約10メートル、３本の鉄柱が60度ずつひとひねりした塔の上に、球体の三方を向いた時計が乗っています。毎朝８時15分、原爆投下の時刻にチャイムが鳴り、ノーモア・ヒロシマを訴えます。

1967（昭和42）年10月28日、広島鯉城ライオンズクラブが建設し、広島市に寄贈しました。

㉒相生橋

太田川が本川と元安川に分かれるところで、東西120メートルを結び、南の三角洲の中島（現在、平和公園のあるところ）にも渡れるというＴ字形のめずらしい橋です。1932（昭和７）年に東西に、33年にＴ字橋に完成。被爆前も現在も、路面電車が通っていて、交通の要所です。

旧市街のほぼ中心にあったために、Ｂ29エノラ・ゲイの爆撃手は、この橋を目標に原爆を投下しました。実際の爆心は、南東の島病院上と、わずかにそれましたが、ほぼ命中したといえます。原爆ドーム（元産業奨励館）もすぐ側にあります。

強烈な原爆の爆風は、川面に反射して橋の西側半分をあおり上げ、それが移動し落ちたことが、後の調査でわかりました。欄干も左右とも開くように倒れ、川に落ちました。被爆直後は、多数の傷ついた人々が、西部あるいは北部に逃げるために渡った橋です。

㉓原爆ドーム

相生橋のたもと、広島市民球場から電車路をわたると、丸い鉄骨の屋根と崩れた煉瓦の側壁の遺構が姿を見せます。それが、原爆ドーム。原爆ヒロシマのシンボルです。

原爆で破壊されたこの建物は、もとは「広島産業奨励館」といって、広島の特産物を陳列したり、美術展や展示会などの催しが開かれていました。チェコスロバキアの建築家ヤン・レツェル氏の設計で、1915（大正４）年に開館しました。中央部にドームをかかげたレンガ造りの３階建ての、しゃれた建物でした。

あの日、原爆はこの建物からわずかに東南寄りの上空580メートルあたりで炸裂。建物の中にいた人たちは一人残らず爆死し、中央のドームの鉄骨が倒壊をまぬかれ、あわれな姿をとどめています。

原爆ドームの説明板には次のように刻まれています。
「爆弾はこの建物のほぼ直上約600メートルの空中で爆発した。その１個の爆弾によって20万をこえる人々の生命が失われ、半径約２キロメートルに及ぶ市街地が廃墟と化した。この悲痛な事実を後世に伝え人類の戒めとするため、国の内外の平和を願う多数の人々の基金によって補強工事を施し、これを永久に保存する」

㉔原民喜詩碑

原民喜は広島の被爆作家・詩人。その詩碑は1951（昭和26）年11月15日、広島城跡で除幕されましたが、間もなく、詩稿の陶板は子供たちの投石で破壊されました。その後、原民喜委員会によって1967（昭和42）年７月29日、現在地（中区大手町１丁目、原爆ドーム裏手の緑地）に再建されました。高さ93センチ、厚さ27.5センチの衝立風の御影石の碑に民喜自筆の詩稿を陶板に刻んではめこんでいます。

刻まれた詩は「碑銘」。
「遠き日の石に刻み／砂に影おち／崩れ堕つ　天地のまなか／一輪の花の幻」

民喜には「夏の花」「廃墟から」「壊滅の序曲」の３部作などの名作があります。民喜は1951（昭和26）年３月13日、東京で自ら命を断ちました。46歳でした。

㉕動員学徒慰霊塔

太平洋戦争中、増産協力や建物疎開作業などの勤労奉仕に動員されていた学生・生徒のうち、原爆の犠牲となった6295人の霊をなぐさめようと、広島県動員学徒等犠牲者の会が、1967（昭和42）年、原爆ドームの南側に建立しました。塔の高さは12メートル。有田焼陶板仕上げで、平和の女神像に８羽の鳩をあしらった５層の塔で、慰霊碑としては堂々としています。

塔の後方の左右には、高さ２メートルのレリーフ４枚に、作業中の学徒の姿が描かれています。また、塔の北側の銅版には全国戦没学徒出身校347校の校名が刻まれています。

㉖爆心地の碑（島病院）

原爆ドームの東南約150メートル、島外科病院（旧細工町19番地、現中区大手町１丁目５番）の敷地内に、爆心地を表示する１枚の標識が建っています。表示板の上部には、1945（昭和20）年11月、米軍が撮影した現地点から見た北方の惨状を銅板にしてはめこんであります。

1945（昭和20）年８月６日午前８時15分、米空軍爆撃機Ｂ29エノラ・ゲイが、投下したウラニウム原爆「リトル・ボーイ」は、島病院の上空約580メートルで爆発したのです。この一帯の爆発時の地上温度は約6000度となり、高熱と爆風と放射線により、ほとんどの人の生命が奪われました。

㉗原爆犠牲　ヒロシマの碑

元安川の川原で始まった高校生たちの原爆瓦発掘は、やがて原爆犠牲ヒロシマの碑建設運動に発展し、発起56団体によって中区大手町２丁目、元安川河畔緑地帯に1982（昭和57）年８月５日建立されました。〝もどれない風〟と題し、爆風で飛び散った犠牲者の姿を表した高さ1.75メートル、横３メートルの碑に原爆瓦に囲まれて次の碑文を刻んだ銘板がはめ込まれています。──「天が　まっかに燃えたとき／わたしの　からだは　とかされた／ヒロシマの　叫びを　ともに／世界の人よ」

碑石の裏面には日英両語の説明文がはめ込まれ、「原爆かわら」を発掘した広島の高校生たちの体験学習、碑建立のための募金は全国の小・中・高校の児童・生徒や市民から2000万円を超えたことなどが記されています。

㉘広島市レストハウス

前燃料会館、元大正屋呉服店。平和公園の東、元安橋のたもとで、爆風と熱線にさらされながら奇跡的に残った建物です。現在、原爆遺跡保存の対象にと、市民から声が出されています。1929(昭和４)年に大正屋呉服店として建てられましたが、1944（昭和19）年、広島県燃料配給統制組合に買収されました。

爆心からわずか170メートルで､被爆時は組合員37人が勤務していましたが、助かったのは地下室にいた１人だけでした。爆風で鉄筋コンクリートの屋根やハリなどが押し下げられ、壁の一部も窓も吹き飛びましたが、建物の骨格だけは残りました。戦後、修復を重ねて、1957（昭和32）年に市が買い取り、観光客のレストハウスとして使ってきました。

㉙天神町北組町民慰霊碑

平和記念公園内、祈りの像の近くに、旧町の関係者が1973（昭和48）年２月、建立しました。

周囲を白い柵に囲まれた碑の正面に「昭和20年８月６日噫(ああ)」の碑銘、碑石に「北天神町原爆犠牲者芳名」として274柱の氏名が刻まれていますが、名字だけで名前が不詳のもの、「妻」とだけ記されたもの、「子供二人」とあって姓名も性別もまったく不明のものなど、いまなおその生存の証さえたてられることなく眠る不運な原爆犠牲者たちが目をひきます。

㉚峠三吉碑

平和記念公園の平和記念館寄りの売店の北側に、円形のバラ垣に囲まれて峠三吉記念碑があります。峠は、戦後いちはやく『原爆詩集』を出した被爆詩人。1963（昭和38）年７月、峠の没後10周年を記念して、広島県文化会議と峠三吉詩碑建設委員会によって建立されました。設計は広島出身の画家、四国五郎、碑文は三宅一子書。碑の表面には『原爆詩集』の有名な序の詩が、裏面には広島県詩人協会の大原三八雄（広島工大名誉教授）による詩の英訳が刻まれています。

「ちちをかえせ　ははをかえせ／としよりをかえせ／こどもをかえせ
　わたしをかえせ　わたしにつながる／にんげんをかえせ
　にんげんの　にんげんのよのあるかぎり／くずれぬへいわを／へいわをかえせ」

㉛全損保労組記念碑

1965（昭和40）年８月６日、全日本損害保険労働組合広島協議会が、被爆20周年を記念して建立しました。

あの日、広島では、14の損害保険会社で約200人が働いていましたが、そのうち89人が原爆の犠牲となったのです。

碑には次のような詩が刻まれています。

「なぜ　あの日は　あった／なぜ　いまもつづく／忘れまい／あのにくしみ／この誓いを」

㉜被爆アオギリ

平和公園の記念館北側の休憩所わきに植えられていた３本のアオギリは、あの日、一瞬の閃光をあびながらも生きのび、今もなお、原爆の恐怖を伝え続けています。

３本のアオギリは、中区白島町の広島逓信局の中庭にあって、当時は人びとの憩いの場となっていました。爆心地から北東へ1.5キロのこの地で被爆しましたが、1973（昭和48）年、中国郵政局の新庁舎建設に伴って、平和公園の現在地に移植されました。

㉝祈りの泉

原爆資料館前の広場にあります。

「水を、水を」と言いながら、息絶えた原爆犠牲者の霊に捧げる噴水ということから「祈りの泉」と名づけられました。

東西27メートル、南北19メートルの長円形の池に567本の噴水口か

ら地上10メートルに、毎分11トンの水を噴き上げます。夜間は、赤、青、黄、緑、乳白色の水中カラーランプ153灯に彩られます。

1964（昭和39）年、広島銀行が建設して広島市に贈りました。

㉞嵐の中の母子像

平和公園には50基以上のモニュメントがありますが、そのなかでもひときわ目をひき、感動を呼ぶのがこの「嵐の中の母子像」です。一児を右手でしっかりと抱え、一児を左脇にかばいながら、荒れ狂う嵐に敢然と立ち向かう母親の姿。制作は「わだつみ像」で知られる彫刻家・本郷新。原爆資料館前、祈りの泉の南にあります。

1959（昭和34）年、〝嵐の中の大会〟とよばれた第５回原水爆禁止世界大会を象徴しているといわれています。　広島市婦人会連合会の募金によって、1960年８月５日建立されました。

㉟平和の像「若葉」（湯川秀樹歌碑）

１人の少女が、彼女を見上げている子鹿を連れて歩いている、高さ1.8メートルのブロンズ像。広島国際会議場そばの緑地帯にあります。圓鍔勝三制作。広島南ロータリークラブが1966（昭和41）年５月９日、建立。

台座に、日本人最初のノーベル賞（物理学賞）受賞者、湯川秀樹の筆になる短歌が一首、刻まれています。

「まがつびよ　ふたたびここに　くるなかれ　平和をいのる　人のみぞ　ここは」

㊱原爆犠牲国民学校教師と子どもの碑

平和公園の南西、平和大通りに面した芝生の上に「原爆犠牲国民学校教師と子どもの像」はあります。みずからも傷つきながら、傷つきぐったりした教え子を抱いている教師の像です。この碑の建設委員会によって、1971（昭和46）年８月４日、除幕されました。

台座の裏面には「太き骨は先生ならむ　そのそばに　小さきあたまの骨　あつまれり　篠枝」の短歌一首が刻まれています。広島の被爆歌人、正田篠枝の作品で、自らの筆跡です。

建設委員会には、広島県小学校長会、広島県中学校長会、広島市小学校長会、広島市中学校長会、広島県ＰＴＡ連合会、広島市ＰＴＡ連合会、広島県退職校長会、広島県退職婦人教師の会、広島県被爆教師の会、広島県教職員組合、広島県教組広島地区支部の11団体が参加しています。

㊲広島市商・造船学校慰霊碑

当時、広島市商は、戦争のため造船工業学校に転換させられていました。平和公園西端にあたるこの地に、建物疎開作業に出動していた１年生270人、職員３人は全滅。爆心地のため遺骨もわからず、わずかに弁当箱や衣類のはしが見つかっただけといわれます。

巨大なこの碑が建立されたのは1963（昭和38）年。

㊳県立広島第二中学校職員生徒慰霊碑

広島第二中学校１年生322人は､中島本町の建物疎開作業に動員されていて被爆、教員４人と生徒のほとんどが絶命。２年生300人余は、広島駅北側の旧陸軍東練兵場の芋畑で草刈り作業中被爆、８人が死亡しました。

慰霊碑の建立を禁止していた米占領軍の厳命に、当時校長であった古田貞衛が､「なぐさめの言葉　しらねばただ泣かむ　汝がおもかげと　いさをしのびて」と詠んだ追悼歌碑が、1953（昭和28）年８月６日、夜陰に乗じて被災地の平和記念公園本川河畔に建てられました。遺族一同によって慰霊碑が建立されたのは1961（昭和36）年８月６日のことでした。「慰霊碑」の碑銘の右下に、「戦災並びに原爆にて死亡された元広島二中職員生徒三五二名のなつかしい名簿を此の碑の裏面に記し永久の思ひ出と慰霊のよすがと致したいと思ひます」と彫られています。広島二中は現在、観音高校。

㊴安佐郡川内村温井義勇隊の碑

平和公園本川橋近くに「義勇隊の碑」と刻まれた旧川内村温井の慰霊碑があります。あの日、この場所から北へ20キロメートルの川内村から、国民義勇隊として爆心地から40メートル離れた材木町の建物疎開に出動した人たちは174人。原爆で全滅しました。遠い道のりを歩いてきて、着いたばかりの時刻だったといわれます。残された家族の苦労は、戦後長く続きました。

川内村温井の遺族一同によって、慰霊碑が建立されたのは、1964（昭和39）年８月６日。高さ２メートル、幅３メートルの巨大な自然石に､「義勇隊の碑」(当時の広島市長浜井信三書)、右手の詩碑に、遺族一同の名で「……戦禍の憎しみ今ここで言うをまたず、我等遺族その若き命をささげし霊に対し断腸の思い果つるを知らず……｣と刻まれ、裏面には犠牲になった180柱の氏名が刻まれています。

㊵韓国人原爆犠牲者慰霊碑

平和公園外、本川橋のたもとにあります。1970（昭和45）年４月10日建立。原爆投下当時、広島には約６万人の韓国人、朝鮮人がおり、そのうち２万数千人が被爆死したといわれています。この中には、強制連行された軍人、軍属、徴用工も含まれていました。

土台の亀の上には冠をいただいた碑柱が立っています。亀と冠は慶州石、碑柱は忠清南道の熊川石といずれも韓国の銘石でつくられています。冠の中には過去帳が入っており、約600人の犠牲者の名が書かれています。

㊶本川国民学校の被爆遺構

爆心地から西へ約350メートルのところに本川国民学校はありました。その日、約200人の児童と数名の教職員が登校していました。ほかに約200人の児童が分散所で授業を受けていたり、建物疎開に動員されていました。あの瞬間に、校庭にいた者は即死、校舎内にいた者も即死か大けがをしました。

３階建ての鉄筋コンクリートの校舎は倒壊はまぬがれたものの、外壁は爆風で波うち、鉄製の窓枠は吹き飛ばされました。しかし、翌日にはその校舎も臨時救護所となり、負傷者であふれました。校庭では死亡した人たちを焼く火が何日も燃え続け、白骨の山ができたといいます。

本川小学校の構内に、原爆で被災した旧校舎の一部が保存され、「平和資料館」として1988（昭和63）年５月８日、開館しました。地下室が展示室になっていて、原爆瓦や溶けたガラスの塊、焼けてぼろぼろになった衣服など69点の被爆資料が展示されています。

㊷慈母碑

西平和大橋西詰めにあるこの碑は、原爆のために夫と子供を失った高ノブさんが独力で建てたもの。

白い花崗岩でつくられ、像の足もとに合掌する童子のあどけなさが、子を奪われた母親の悲しみを訴えるかのようです。1961（昭和36）年８月６日に建立。

㊸友愛碑　平和公園前大通りの南側

㊹平和の塔　平和公園前ジュノー博士碑の西側

㊺被爆動員学徒慈母観音像

中区大手町３丁目、元安川河畔緑地帯にあります。

当時の市内21校の遺族有志によって結成された被爆動員学徒観音像奉賛会が、1966（昭和41）年７月31日、建立。原爆死没動員学徒４千余柱が合祀されています。

高さ２メートル、砂原放光が制作した青銅の観音像の台座に、「観音となりて平和を守りゆく　少年学徒らのみたま尊し　康夫」、そして死没者名を刻んだ銅製のネームプレートを納めた築山に「慈母観音に抱かれて眠る汝が姿　心にえがきてわれら安らぐ　礼助」の弔歌が刻まれています。

㊻広島県農業会原爆物故者慰霊碑　元安川東土手、平和大通りの北

㊼石炭関係者原爆殉難者慰霊碑　元安川東土手、道の東側

㊽広島瓦斯ＫＫ原爆犠牲者慰霊碑　元安川東土手

㊾平和祈念碑　元安川東土手、元安橋東南

㊿広島郵便局職員殉職碑　元安橋東詰め南

51広島県地方木材統制ＫＫ慰霊碑　原爆ドーム東側

52中国四国土木出張所殉難碑　原爆ドーム西側土手

53灯篭流し

毎年８月６日、平和祈念式典が行われる夜、市内を流れる６つの川ではしめやかに灯篭流しが行われます。この地方の一部にはもともと、お盆の夜に灯篭を流す風習がありましたが、８月６日の灯篭流しは、原爆犠牲者の霊を慰めるために、1949（昭和24）年ごろから行われるようになったといわれています。

市民がそれぞれに携えてくる色とりどりの灯篭には、亡き犠牲者の名が筆で書かれており、その数は１万個にも達するといわれています。祈りを込めた灯明の列は、鎮魂の象徴となっています。

吹き流しと提灯で飾った船から読経が流れるなかを、無数のボンボリが川面にゆれる景色は、もの哀しく、そして美しいものです。

54大田洋子文学碑

広島の詩人、作家たちが県内外に呼びかけて「大田洋子文学碑建立委員会」をつくり、1978（昭和53）年７月16日、洋子の代表作となった「夕凪の街と人と」の舞台となったゆかりの地の一角、中央公園（中区）空鞘（そらさや）橋東詰めに建立されました。

碑石はケロイドを思わせるような色をした輝緑岩で、碑のデザインは広島県出身の画家、四国五郎。大小15個の自然石は、中心の碑石に向かってあたかも爆風に吹き寄せられたように配置されています。

碑文は「屍の街」の原稿のペン字を拡大して刻みこまれています。「少女たちは／天に焼かれる／天に焼かれる／と歌のやうに／叫びながら／歩いて行った」

碑の裏面には、「作家大田洋子は　本名初子　一九〇三年（明治三十六年）十一月二十日　広島県北に生まれる」など、洋子の略歴が刻まれています。

55陸軍病院跡と枯れた被爆エノキ

大田川東土手、基町市営住宅西側

56被爆クスの木　中区基町20－１、基町交番前

57エドマンド・ブランデン詩碑

中区基町３－１、広島市立中央図書館

58広島城跡（地下壕、大本営、ユーカリ）

日清戦争にともなって東京の参謀本部内に設置されていた大本営（戦時または事変において設置された天皇に直属する統帥部）は1894（明治27）年、広島城内に移されました。天守閣を取り巻くように集まっていた軍の施設も、南方１キロの上空で炸裂した原爆で、白亜２階建の大本営も破壊され、今は礎石を残すのみとなっています。

ただ、半地下式であった中国軍管区司令部だけはかろうじて残りました。この地下の指令連絡室で、通信員として出動していた比治山高女の３年生たちが被爆しました。

爆心地から約700メートルの橋御門跡には幹の周囲２メートルほどのユーカリの木があり、爆心の方に向いた南側が黒く焼けただれ、被爆の傷痕を明らかにしています。

59「生ましめんかな」の詩碑

広島の詩人、栗原貞子の詩「生ましめんかな」を刻んだモニュメントが、中国郵政局（中区白島町）構内に、1989（平成元）年８月６日、建立されました。

被爆建物の一つで、この詩の舞台となった旧広島地方貯金支局ビル（中区千田町）は、爆心地から南約1.6キロ。この地下室で、８月８日夜、ひとつの生命が誕生しました。赤ん坊を産ませた産婆は血まみれのままあかつきを待たずに死亡。後日、この話を聞いた栗原がその時の情景を一気に書いた詩が「生ましめんかな」です。

このビルは1989年３月に解体されましたが、その被爆タイルを幅2.1メートル、奥行1.8メートルの花崗岩の台座に敷きつめ、その上

に高さ60センチの碑を載せ、被爆直後の旧局舎の写真と、23行の詩「生ましめんかな」が刻まれています。

60禿翁寺の六地蔵　中区東白島町８－８

61縮景園

縮景園の中の原爆無縁慰霊碑

「浅野の泉邸」の名で広島市民に親しまれてきた縮景園の庭は、旧浅野藩主が1620（元和６）年、中国の西湖を模して造らせたといわれています。すぐそばを流れる京橋川の水を取り入れた池、カメの形をかたどった小島、遊歩道を結ぶアーチ型の石橋や素朴な石橋、それを包んでそそり立つ樹木。そのすべてが原爆で一瞬にして吹き飛ばされ、折れ、崩れ、なぎ倒されました。

縮景園は、たちまち被爆した住民の避難場所になり、大混乱に陥りました。

死んでいった多数の人々の遺骨が、当時の写真を手がかりにしながら、1987（昭和62）年夏、42年ぶりに発掘されたのです。掘り出された遺骨は、平和公園内の原爆供養塔に納められましたが、それを機に付近に住む人びとの協力で「縮景園原爆犠牲者慰霊供養会」が結成され、翌88年３月、遺骨発見地点に慰霊碑が建てられました。

広島駅から徒歩10分。八丁堀から電車白島線「縮景園前」下車。

62斉美国民学校職員生徒慰霊碑

「斉美学校之碑」（慰霊碑）は、広島ＹＭＣＡ（中区八丁堀）の玄関を入った片隅に建っています。

爆心地から東北約700メートルにあった斉美学校は、陸軍偕行社によって維持されていた学校でした。当日、校舎内に教職員５人、児童150人がいましたが、ほとんど全滅したといわれています。

碑は1970（昭和45）年８月６日、斉美学校卒業生および旧教職員一同により、校舎跡であったＹＭＣＡに建立されました。慰霊碑の横に説明文と、「君たちはかたまって立っている／さむい日のおしくらまんじゅうのように……」で始まる峠三吉の詩「墓標」を刻んだ銅版が掲げてあります。

63世界平和記念堂　中区幟町４丁目

64二葉山（市内展望、仏舎利塔）

二葉山からの広島市街

市内が一望できる二葉山は、旧市街地のすぐ北にある高さ120メートルほどの山。山の南側には国前寺などがあります。頂上の仏舎利塔は、遠くからもはっきり眺められます。これは、1965（昭和40）年８月、インドやセイロン、モンゴルの仏教徒の協力で完成したものです。

山頂からは、広島市街が一望の下に見下ろせます。西は己斐、福島町から、東は京橋川まで、太田川から分かれた川が幾筋も日にきらめきながら南流し、広島の町がデルタの上にあることがよく見てとれます。はるか南、白く光る広島湾の彼方には安芸の宮島、少し左手には富士山に似た形の似島、さらに左に金輪島が見えます。比治山西側、爆心に対してちょうど山かげになる段原あたりだけは、低い家並みが続いています。旧市内中心部が爆風や火事で壊滅し、戦後、新しい建物ができたのに、その段原だけは戦前の古い家が残ったわけです。

⑮比治山（展望台、旧ＡＢＣＣ、陸軍墓地）

比治山陸軍墓地

現在のＡＢＣＣ

比治山は爆心から２キロあまりのところにあります。爆心地に面した西と北の斜面はほとんど全焼。被爆後、この山には負傷者が押しかけ、山全体が修羅場となり、こと切れた多くの被爆者たちが火葬にされたのです。

比治山にあった陸軍墓地は、原爆投下後、９月と10月の大雨で墓石が谷間に押し流され、倒れた納骨堂からは遺骨が散乱、放置されるという無残な姿になりました。

その後、アメリカがここにＡＢＣＣ（Atomic Bomb Casualty Commission＝原爆傷害調査委員会）を移転するため、その整地作業でいっそうの惨状を呈しました。ＡＢＣＣは設立当初から、アメリカが原爆の効果を確かめるとともに、将来の核戦争に備えて防衛策を確立するための軍事目的があるのではないかという疑惑が持たれていました。そのうえ、調査はすれど治療はしないことに対して「被爆者をモルモット視するな」という怒りが高まり、1975年、放射線影響研究所（放影研）に改組されました。

⑯広島陸軍兵器支廠跡

南区霞町１丁目、現広大医学部、付属病院、警察学校

⑰被服支廠倉庫跡

写真中央の建物が被服支廠倉庫跡

この倉庫は、1904（明治37）年に造られた陸軍被服廠広島出張所の一部。３年後、陸軍被服支廠に昇格、軍帽から軍靴、外套、肌着、ベルト、ボタンまで、陸軍関係の被服一式を調達、製造、修理、保管する大施設でした。

爆心から2.7キロ。一瞬の閃光とともに、強烈な爆風に見舞われ、倒壊はまぬかれたものの、爆心に面した鉄扉や窓枠は内側に大きく曲がってしまいました。

当時の面影を伝える４棟の赤煉瓦の建物は現在も残され、日本通

運の倉庫などになっています。しかし、これは元の敷地のほんの一部。跡地の大部分は現在、県立広島皆実高校、同工業学校が占めています。

被爆ヤナギ

南区出汐町２丁目。

(68)被爆ヤナギ　鶴見橋東詰め、南区比治山本町

(69)被爆者の森

広島市中区鶴見町の鶴見橋西詰めに、平和大通りに沿って「被爆者の森」があります。黒御影石の碑に、次の碑文が刻み込まれています。

「この森は、被爆四十五周年にあたり、全国四十七都道府県に在住する被爆者が『ふたたび被爆者をつくらない』との願いを、各県の県木に託して、つくられたものである。

一九九〇年八月六日　　日本原水爆被害者団体協議会」

森づくりは、日本被団協結成30周年の記念事業として、1986（昭和61）年に計画され、広島市から約1000平方メートルの用地の提供を受け、各県の県木については、各県当局の協賛や、被爆者同士の募金をして得るなどして、被爆45周年の1990年に完成しました。

各県の被爆者は、広島を訪問したときこの森に立ち寄り、木々に献水しながら、広島で亡くなった家族、同僚たちへの鎮魂と、核兵器廃絶への思いを新たにします。

(70)劇団さくら隊原爆殉難の碑

移動演劇「桜隊」は太平洋戦争末期の1945（昭和20）年１月、戦時文化政策を推進するため組織された演劇団体の１つで、広島に本拠をおき、中国地方の巡演を役割としていました。隊長は新劇の名優とうたわれた丸山定夫。８月６日の朝、爆心地から東方750メートル離れた旧堀川町９番地（現中区新天地）の寮で被爆、９人のうち丸山（当時40）、園井恵子（同31）、高山象三（同21）、仲みどり（同36）の４人はかろうじて寮を脱出しましたが、丸山は厳島の存光寺で16日、高山と園井は神戸まで逃れましたが、知人宅で高山は20日、園井は21日、急性放射能症によりそれぞれ死亡しました。森下彰子（あやこ、当時23）、羽原京子（推定23）、島木つや子（当時22）、笠絅子（けいこ、同41）、小室喜代（同30）の５人は崩壊した堀川町の寮の中で即死しています。

碑は、俳優座の永田靖ら新劇人のよびかけで1955（昭和30）年８月６日、平和大通り緑地帯に建立されました。

(71)殉難医師医療従事者合同碑　100メートル道路沿い南側

殉難医師医療従事者合同碑

(72)広島第一県女追憶の碑　100メートル道路沿い北側

(73)ラ・パンセ（裸女のブロンズ像）　100メートル道路沿い北側

(74)袋町国民学校　中区袋町６、現袋町小学校

(75)白神社跡　被爆した岩と狛犬、中区中町７

(76)市役所　庁舎と被爆したサクラ、中区国泰寺６

広島第一県女追憶の碑

(77)広島赤十字・原爆病院

広島赤十字病院は1939（昭和14）年４月、日本赤十字広島支部病院として設立。爆心地から1.5キロの南に位置するこの病院は、強烈な爆風を受けてガラス窓は吹き飛び、鉄枠は曲がり、外郭だけを残す悲惨な姿になりました。約250人の軍患者をはじめ、医師、看護婦、看護生徒の多数が負傷しました。職員を合わせて554人の関係者のうち、死亡51人、負傷者250人といわれます。

被爆直後から、担架で運ばれてくる負傷者で埋まり、その日ここに来た被爆者は１万人といわれます。

ここに原爆病院を造ることになったのは、被爆10年後の1955（昭和30）年。お年玉年賀はがきの寄付金で建設され、翌56年９月に開院されました。

被爆当時の模様を残すものとしては、本館３階の手術室の鉄の窓枠がそのまま保存されています。北側は内部に、西側は弓なりに曲がり、爆風が北から西に抜けたことを示しています。

(78)船入むつみ園（原爆養護ホーム）

広島市中区舟入幸町14－11　☎(082)291-1555

国、市、県により建設されました。1970（昭和45）年４月１日開所。73年増築、定員は一般養護150人、特別養護100人。

(79)神田やすらぎ園（原爆養護ホーム）

広島市東区牛田新町１－18　☎(082)223-1294

広島市の市街地を見下ろす神田山の中腹にあります。　定員100人。1982（昭和57）年６月１日開所。

(80)三滝山無縁墓地

西区三滝山にはたくさんの碑があります。原爆と明記してあるものもありますが、無数の石仏の消えた文字の中にも、原爆死とあったかもしれません。このあたりは〝黒い雨〟が降った地域です。

三滝山は、横川駅から徒歩20分という近さですが、自然が守られた滝の音、すくって飲める清浄な谷の水、小鳥の宝庫です。音をたてている谷川に沿って急な石段を上ると、右側の小高いところに多宝塔、左側に防空機動隊碑、広島アウシュビッツ平和宝塔、原爆句碑、歌碑があり、原爆供養石仏などがあります。

三滝山の中腹に、広大な市営墓地が造成され、その一角に「三滝無縁墓地」が建立されたのは1957（昭和32）年です。

㉛似島

広島市内から眺めると富士山に似ているということで、南約４キロに浮かぶこの島は似島（にのしま）と呼ばれ、市民に親しまれてきました。

８月６日、爆心地から島の北端まで約８キロの似島は、ズシーンという衝撃と爆風に襲われ、ガラスや屋根は吹き飛び、煙突も倒れました。被爆後２時間もたったころから、さまざまな船に乗せられた被爆者が運び込まれてきました。その数、１万人を超えたともいわれ、とても収容しきれず、強烈な太陽光線の照りつける戸外に並べられたままの負傷者もたくさんいました。収容作業は25日まで続きました。死者の数は2000人とも3000人ともいわれています。

1955（昭和30）年、平和公園内の供養塔に納めるために掘り起こしたところ，2000体の遺体が出てきました。1971（昭和46）年、似島中学校グランドの発掘現場に、「似島慰霊碑」が建立されました。

長　崎

爆心地公園周辺

①原子爆弾落下中心地（標柱）
②大橋橋塔（遺構）
③浦上天主堂遺壁
④瓊浦中学校貯水タンクと三菱製鋼所鉄骨
⑤火の見櫓（遺構）
⑥追悼長崎原爆朝鮮人犠牲者（碑）
⑦電気通信労働者原爆慰霊碑
⑧福田須磨子詩碑
⑨外国人戦争犠牲者追悼・核兵器廃絶人類不戦（碑）
⑩原爆句碑
⑪長崎国際文化会館
⑫原爆殉難教え子と教師の像

平和公園周辺

⑬平和祈念像
⑭原子爆弾無縁死没者追悼祈念堂
⑮原子爆弾駒場町殉難死者納骨堂
⑯長崎刑務所浦上刑務支所遺壁
⑰被爆者会館（被爆者の店）
⑱平和の泉

浦上天主堂周辺

⑲浦上天主堂（天使たちの像）
⑳浦上天主堂鐘楼ドーム
㉑如己堂・永井記念館
㉒あの子らの碑（山里小学校）
㉓防空壕跡（山里小学校）

長崎大学医学部周辺

㉔長崎大学医学部被災資料センター
㉕長崎医科大学・同附属薬学専門部正門

片足鳥居周辺

㉖片足鳥居
㉗原爆クスノキ
㉘坂本国際墓地
㉙経の峰墓地

城山小学校周辺

㉚城山国民学校被爆校舎（現・城山小学校）
㉛平和（城山小学校・少年平和像）
㉜原爆殉難者之碑（城山小学校）
㉝嘉代子桜（城山小学校）
㉞城山地域原子爆弾殉難者之碑

浦上川に沿って

㉟下大橋銘板
㊱簗橋銘板
㊲鎮西学院跡（現・活水高校・中学）
㊳瓊浦中学校跡（現・長崎西高校）
㊴淵国民学校跡（現・淵中学校）
㊵国鉄原爆死没者慰霊之碑

被爆者養護施設

㊶恵の丘長崎原爆ホーム
㊷原爆被爆者特別養護ホーム「かめだけ」

①原子爆弾落下中心地（標柱）

1945（昭和20）年８月９日午前11時２分、米爆撃機Ｂ29ボックスカー号は、高度9600メートルの上空から原子爆弾「ファットマン」を投下しました。爆心地を測定するにあたっては、４地点に生じた熱線による焼け跡から、その方向を推計して決められました。

松山町171番地のテニスコート跡に建てられた、爆心地を示す標柱は高さ6.6メートルの三角柱。左正面に、「原子爆弾落下中心地」の文字が、また、右正面には次のような説明文が記されています。

「原子爆弾落下の中心点を示すためにこの碑が建てられた。この地の上空五百メートルでさく裂し、一瞬七三，八〇〇人の尊い命を奪い七六，七〇〇人の負傷者を出した。同時に家屋の焼失一一，五〇〇戸、全壊または大破したもの六，八〇〇戸、この地を中心として二，五〇〇メートルに及ぶ地域が壊滅した。その惨状は筆舌に尽し難い」

②大橋橋塔（遺構）

大橋橋塔（手前左）と
浦上天主堂遺壁（中央）

爆心地から北方約500メートルの大橋の南側のもので、強大な爆風（秒速250メートル）により浦上川に吹き飛んだ橋塔（土台）を、1974（昭和49）年に引き揚げ、この地に移しました。橋塔の高さ1.9メートル、直径１メートル、重さ３トンあります。

③浦上天主堂遺壁

爆心地から東北約500メートルの地点にあった浦上天主堂のこの遺壁は、西に面した聖堂の南側残骸の一部を1958（昭和33）年、爆心地公園内に移築したもの。爆風で石柱がずれています。壁上の石像はザベリヨと使徒。

④瓊浦中学校貯水タンクと三菱製鋼所鉄骨

爆心地公園にある、曲がった鉄のやぐらは、旧制瓊浦（けいほ）中学校にあった貯水タンク。貯水槽の下にある鉄骨は、三菱長崎製鋼所の工場の建物の一部。

いずれも爆心地から西南約800メートルの地点で、最大風速秒速200メートルの強烈な爆風を受けて折れ曲がったものです。

⑤火の見櫓（遺構）

爆心地から東方約250メートルの旧浜口町の高台に立っていた火の見櫓（やぐら）で、強烈な爆風によって、根もとから折れ曲がっています。

⑥追悼長崎原爆朝鮮人犠牲者（碑）

爆心地公園内。黒い石碑の正面に「追悼　長崎原爆朝鮮人犠牲者

1945・８・９」、碑の裏面には「強制連行および徴用で重労働に従事中被爆した朝鮮人とその家族のために　1979・８・９」と刻まれています。

長崎で被爆した朝鮮人は、市の推計では１万2000人。一説には２万人ともいわれています。

1967（昭和42）年、長崎市大浦元町の誠孝院地下納骨堂に安置されていた朝鮮人被爆者の遺骨153柱を、岡正治（日本福音ルーテル長崎教会牧師）が発見。岡はのち「長崎在日朝鮮人の人権を守る会」を結成して、募金によって追悼碑が建設されました。

⑦電気通信労働者原爆慰霊碑

台、台座が２メートルのブロンズ像をがっちりと支えているこの碑は、全電通原爆被爆者協議会の手で、被爆30年の1980（昭和55）年８月９日、爆心地の原爆公園の一角に建立されました。台座は３つの面が組み合わされており、１つは原爆被爆者を、１つは電気通信労働者を、もう１つは核兵器廃絶と恒久平和を誓う市民（国民）を表し、ブロンズは「平和の炎」を造形したもの、とされており、台座に示された３者ががっちりと手をつなぎ、ドッシリと重い「平和の炎」をかつぎ、かかげる姿を象徴するものと説明されています。

碑面には「いのちのかぎり／消えぬ／被爆の苦しみを／いかに伝えむ／澄みしこの瞳に」という被爆電通労働者の一人、川島美志女さんの作品が刻まれています。

⑧福田須磨子詩碑

長崎生まれの福田須磨子は、爆心から１キロの地点で被爆。病床から原爆を告発しつづけました。

屏風を立てたような漆黒色の碑の中央の御影石製碑板（縦30センチ、横50センチ）に、詩集『原子野』に収められている作品「生命を愛しむ」が彫られています。詩碑のデザインは、長崎の詩人、山田かん。被爆者団体などの手で1975（昭和50）年８月２日建立。

「新しき年の始めに／しみじみとわが生命愛しむ／原爆の傷痕　胸にみちしまま／絶望と貧苦の中で／たえだえに十年／げにも生きて来しかな／悲しみと苦悩の十字架をおい／ほそぼそと生命かたむけ／生きて来しこの現実を／奇蹟の思いでかえりみる／〝吾尚生きてあり〟／ここに坐し　一切を観ず／ふきちぎれた魂は／未完の生を夢み／一片のわが生命を愛しむ」

⑨外国人戦争犠牲者追悼・核兵器廃絶人類不戦（碑）

太平洋戦争開戦40周年の1981（昭和56）年12月８日、国内外からの浄財によって、戦争による外国人犠牲者の追悼と、核兵器廃絶・人類不戦を誓う国際連帯のシンボルの碑が爆心地公園に建立されました。

長崎原爆で７万人余の日本人、数千の朝鮮人、中国人労働者、華僑、留学生、連合国軍捕虜（イギリス、アメリカ、オランダ、インドネシアなど）多数が犠牲となりました。

御影石を使った高さ３メートル、幅２メートル、奥行1.5メートルのこの碑は、原爆で崩壊した浦上天主堂を象徴する赤煉瓦でふちどられ、上方はドームをかたどって、平和を願い、世界の連帯を表しています。

碑正面には、炎上する浦上天主堂と地下に眠る外国人犠牲者（アウシュビッツ）を表したレリーフ「原子野Ｈ」（上野誠画伯制作）が刻まれています。

⑩原爆句碑

長崎県俳句協会が1961（昭和36）年８月、秀吟12句を選んで、川口町下ノ川橋横に句碑を建立しました。書は佐藤勝也（当時長崎県知事）。その後、句碑は平野町の「平和の母子像」の近くに移設されました。

刻まれている句には次のようなものがあります。

「なにもかもなくした手に四枚の被爆証明　松尾あつゆき」「凍焦土種火のごとく家灯る　下村ひろし」「原爆忌の氷魂となり挽き切らる　久保田翠」「厚葉夜は垂れて爆土のアマリリス　島田輝子」「武器つくるけむりが原爆忌の夜雲　隈治人」「弯曲し火傷し爆心地のマラソン　金子兜太」

⑪長崎国際文化会館

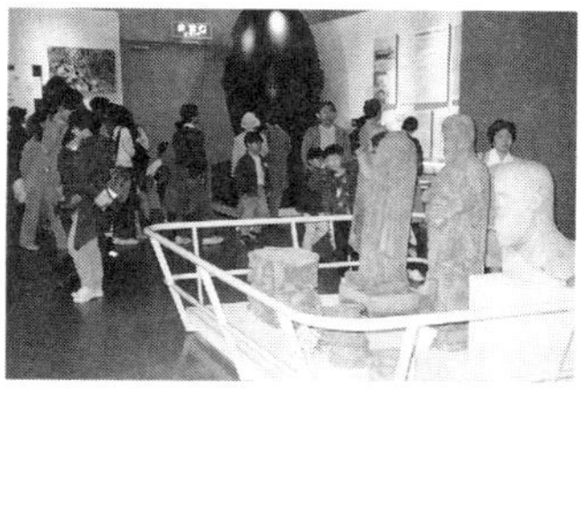

長崎国際文化会館（平野町７－８）は爆心地から150メートルの、爆心地一帯を見渡せる丘の上にあります。長崎国際文化都市建設法に基づき、総工費１億7000万円で、1955（昭和30）年完成。広島平和記念資料館と並んで、原爆の生々しい被爆資料が展示されています。

改築後は、地下２階地上２階になり、常設・企画展示室（地下２階）のほか、平和学習室、平和ホール、ビデオルーム（地下１階）、図書室（１階）のほか、会議室（２階）も設けられます。1996（平成８年）４月オープン予定。オープンまでは展示物は長崎平和会館で展示中。

⑫原爆殉難教え子と教師の像

長崎平和会館前の、高さ2.5メートルの、男性教師が両腕で火の粉を払い、その下で４人の児童が平和の象徴であるハトを中空へ放し、平和を叫んでいる金色のブロンズ像は、長崎市出身の日展理事長、富永直樹の制作。碑名、碑文は長崎書友会会長、松竹太虚の書。

台座の正面に「原爆殉難教え子と教師の像」と碑銘があり、碑の右側に刻まれた碑文には、「この日、家にいた国民学校児童五千八百余、報国隊として工場に出動していた千九百余の生徒たちは、百有余の教師と共に即死、または放射能によりつぎつぎと尊い生命を奪われた」と記され、台座の中には、確認された死没者の名簿が収められています。

県内外の教職員および有志の協力で、1982（昭和57）年８月３日建立。

⑬平和祈念像

平和都市ナガサキのシンボル。松山町の平和公園の小高い丘に、青銅製男子裸像が座しています。像の高さ9.7メートル、台座の高さ3.9メートル、重さ30トン。長崎市が被爆10周年（1955年）記念行事の一環として計画し、広く内外に募金を呼びかけたところ、遠く海外からも浄財が寄せられました。3000万円の建設費をかけて1951（昭和26）年春着工、55年８月９日の原爆記念日に完成しました。制作は、長崎県出身で、わが国彫刻界の最高峰の一人、北村西望です。

天を指す右手は原爆の脅威、水平に伸ばした左手は平和をすすめる姿であり、頑丈な体軀は絶対者の神威を示しています。柔和な温顔は〝神の愛〟または〝仏の慈悲〟を表し、軽く閉じた目は戦争犠牲者の冥福を祈り、折り曲げた右足は瞑想（静）、立てた左足は救済を表しています。

⑭原子爆弾無縁死没者追悼祈念堂

平和祈念像の西側に原子爆弾無縁死没者追悼祈念堂（旧・原爆殉難者無縁仏納骨堂）があります。

原爆により一家全滅、または身元不明のため無縁となった遺骨7000余柱を1958（昭和33）年、長崎市民生委員会協議会がこの堂に安置し、堂屋上に聖観音像を建立しました。1990（平成２）年８月９日現在、8933柱が奉安されています。

⑮原子爆弾駒場町殉難死者納骨堂

駒場町はＪＲ長崎本線の西側に広がる町であり、230世帯の住宅があり、中小の工場があって、昼間の人口は3500人から3700人といわれていました。

しかし、爆心地から近いところで100メートル、最も遠いところで500メートルという場所であったために、この町は原爆のために完全に壊滅し、住民のほとんどは死亡しました。生き残った人たちは、散乱する遺骨を拾い集め、五右衛門風呂の釜に納め、後に納骨堂が建立されました。いまは、その遺骨は無縁死没者追悼祈念堂に安置され、当時の岡田市長の文字が刻まれた納骨堂の碑も、祈念堂の裏手に残されています。今では当時の町名すら消えてしまいました。

⑯長崎刑務所浦上刑務支所遺壁

爆心地から北250メートルの松山町。平和公園の周囲。むき出しのコンクリートの塊が残っていました。かつて長崎刑務所浦上刑務支所があったところです。塊はその塀などの一部。平和公園造りのじゃまにならなかったためか、基礎部分だけは撤去されずに戦後を生き延びました。

原爆が投下されたとき、支所と周辺にあった官舎には、職員、家族、収容者が計134人いました。原爆によって炊事場の煙突１本を残して、庁舎や高さ約５メートル、幅25センチの塀は一瞬にして全壊、全員の生命が奪われたのです。収容者は未決を含めて81人。この中には中国、朝鮮出身者が少なく見積もっても46人いました。

被爆47年目の1992（平成４）年、平和公園の地下駐車場の工事中に、死刑場の地下部分などが顔を出しました。この刑務所の遺構は、遺壁とともに平和公園の一角に残されています。

⑰被爆者会館（被爆者の店）

1956（昭和31）年６月23日に結成された長崎原爆被災者協議会（長崎被災協）が、翌57年10月、原水爆禁止世界大会を通じて寄せられた被爆者救援金をもとに、被爆者の自立・更生と、ふたたび被爆者をつくらない運動のとりでとして、平和公園の一角に設立したのが「被爆者の店」です。

当初はバラック建築で開店したこの「店」は、その後、日本自転車振興会の補助を受け、鉄骨の地下２階地上２階の建築となっていましたが、長崎市が平和公園地下に大規模な駐車場を建設したことにともなって解体、1994（平成６）年７月に地下１階地上２階の新建築「被爆者会館」が完成、８月１日にオープンしました。場所は、平和公園の平和祈念像と長崎市原子爆弾無縁死没者追悼祈念堂の間。開店以来48年間、「被爆者の店」は被爆者の手で運営され、被爆者・被爆二世に働く場所を提供するとともに、長崎被災協の大きな支えとなっています。

⑱平和の泉

あの日、熱線で焼けただれ被爆者たちは、「水を…」「水を…」と水を求めてうめき、叫びながら息絶えました。「その痛ましい霊に水を捧げて、冥福を祈り、あわせて世界恒久平和を祈念するため」（説明板）長崎市などが全国からの浄財を基として、1969（昭和44）年８月３日建設しました。

碑面には、「のどが乾いてたまりませんでした／水にはあぶらのようなものが／一面に浮いていました／どうしても水が欲しくて／とうとうあぶらの浮いたまま飲みました――ある日のある少女の手記から」と刻まれています。

「ある少女」とは、爆心地から約２キロメートルで被爆した山里国民学校（現小学校）３年生、山口幸子さん（当時９歳）。

⑲浦上天主堂（天使たちの像）

首の吹き飛んだ天使像

爆心地の東北500メートルにあった浦上天主堂は、30年の歳月をかけて1925（大正14）年に完成、東洋一の偉観を誇っていました。

原爆の炸裂と同時に、聖堂、司祭館、公教要理稽古棟、倉庫などは、堂壁、鐘楼の一部を残して倒壊、消失しました。敷地内にあった聖人像や天主像などの石像もほとんどが大破しました。２人の神父と数十人の信者が下敷きとなりました。浦上信徒約１万2000人のうち約8500人が爆死したといわれます。

現在は立派に建て替えられています（本尾町）が、その正面左右に配置された聖ヨハネ像、聖マリア像の指は落ち、鼻は欠け、原爆の爪痕をみせています。正面に向かって左側の植え込みには、人の背丈ほどの聖人の石像が並んでいます。どの天使たちも、熱線で黒くこげ、強烈な爆風で鼻や指をもぎとられ、頭部を欠いた痛々しい姿で立っているのもあります。

⑳浦上天主堂鐘楼ドーム

朝な夕な、祈りのアンゼラスの鐘の音が流れていた浦上天主堂の鐘楼ドームは、直径5.5メートル、重量30トンありましたが、強烈な爆風により双塔の片方が35メートルも離れた天主堂北の川べりに吹き飛ばされました。原爆のすさまじさを物語る貴重な資料として、現在地に保存されています。

㉑如己堂・永井記念館

永井隆博士は、長崎医科大学で講義準備中に被爆、右側頭動脈を切断する大けがを受けながら、身を挺して被爆者の治療にあたりました。長男と長女は疎開していて助かりましたが、妻は爆心地から700メートルの自宅で即死しました。

如己堂

如己堂というのは、聖書の「己の如く人を愛せ」（如己愛人）という言葉にもとづいて、永井博士が1948（昭和23）年に建てた自分の家に名づけた名前です。博士はここで、病床にありながら、『この子を残して』『ロザリオの鎖』『長崎の鐘』などを次々に書き、大きな反響を呼びました。

如己堂の右手には永井記念館があり、博士の遺品などが展示されています。入るとすぐ左側に博士の胸像があって、その下に次のような博士の歌が刻まれています。

「いろいろの／花あつまりて／美わしき／一つの玉と／咲ける／あじさい／一九五〇，八，一七　　永井隆」

㉒あの子らの碑（山里小学校）

山里国民学校（現山里小学校、橋口町）は、爆心地から北方630メートル、浦上川を見下ろす小高い丘の上にあります。

校門を入ってすぐ右手に、炎の中で合掌する少女像をレリーフした石碑が建っています。原爆で死亡した同校の教師、児童約1300余人のとその親、兄弟、姉妹の霊をなぐさめるとともに、永遠の平和を願って、1949（昭和24）年11月3日建立されました。発案者は永井隆博士で、碑のそばにある石柱に刻まれた「平和を」「あの子らの碑」の文字も永井博士の揮ごうです。

㉓防空壕跡（山里小学校）

山里国民学校の運動場の周りの崖にいくつもの防空壕が掘られ、学校や近所の人々の避難場として使われていました。８月９日、原爆の爆風と熱線で、この壕に避難していた多数の教師や児童、市民が息絶えました。

同校には、「平和への決意と平和を語り継ぐ場所として」（説明板）、現在もそのまま防空壕が残されています。

㉔長崎大学医学部被災資料センター

想像を絶する原爆の悲惨な実態を学問的に明らかにするため、資料の収集、整理と保存をはかり、学術的調査や研究の資料として活用できるように、という趣旨で、1972（昭和47）年に設立。このセンターは、１階玄関横に展示室を設け、長崎の原爆が人体に与えた影響について、急性期から順を追って後障害にいたる経過を写真や図表などで展示、希望すれば説明をテープで聞くこともできます。

展示室は、一般に開放されており、随時無料で利用できます。正しい名称は「長崎大学医学部原爆被災学術資料センター」。

㉕長崎医科大学・同附属薬学専門部正門（現・長崎大学医学部）

長崎大学医学部の校門裏口に、爆風でおよそ10度傾いた高さ1.5メートルの旧長崎医科大学時代の正門門柱が被爆当時のままの状態で残されています。門柱の側に建てられた石柱に、「原爆の爆風の物凄さを今尚ここに見る」と刻まれています。

㉖片足鳥居

灰塵に帰した坂本町の山王神社の坂の上に、片足だけで立っている鳥居があります。原爆の炸裂と同時に社殿は倒壊し、社務所は全焼しました。副射熱線が鳥居の上部を焼き、最大風速1600メートルの爆風が鳥居の片足と上部の天地石材をこわし、上部に残された笠石をねじまげてしまいました。

爆心地方向の片足をもぎとられた鳥居は、上部に笠石のおよそ半分を残したままバランスを保ち、半世紀も立ち続けています。「一本足鳥居」ともいわれ、被爆の貴重な資料となっています。

㉗原爆クスノキ

坂本町の山王神社の境内にあります。

境内入口の左右にそびえていたクスノキは、原爆の被害を受けて枝葉が吹き飛ばされて丸裸となり、幹に大きな亀裂を生じて、一時は生存を危ぶまれましたが、その年の10月初めごろから、熱線を受けなかった南側の幹や枝から新芽を吹き出し、ふたたび樹勢がよみがえってきました。原爆の生き証人です。

1969（昭和44）年２月15日、長崎市から天然記念物に指定されました。

㉘坂本国際墓地

鎖国時代から海外に開かれていた長崎だけに、市内には稲佐、大浦、坂本の３個所に国際墓地があります。

そのひとつ、この坂本国際墓地は、グラバー園で有名なトーマス・グラバー（倉場）や自らも被爆しながら被災者の治療に当たった永井隆が眠るところとして知られています。爆心地から約１キロの地点にあり、墓石の大半が倒壊しました。その後、一応は復元されたものの、いまも多くのひびのある墓石や欠けた十字架などに当時を偲ぶことができます。

㉙経の峰墓地

クリスチャン墓地として有名な、坂本町にあるこの墓地は、爆心地から1000メートルほど離れています。爆心地から山を越えて市街地に通ずる箇所にあったので、多くの人がここまではい上がってきて、力つきて倒れました。墓地の石碑という石碑は吹き飛び、白骨が土中から外に飛び出しているものもありました。

㉚城山国民学校被爆校舎（現・城山小学校）

右が原爆で被爆した校舎

爆心地から浦上川をへだてて西約500メートル。小高い丘の上にあり、鉄筋コンクリート３階建ての校舎は爆風と熱線による被害が甚大で、原爆被害の代表的な個所の一つ。

木造の宿直室、用務員室、西側の木造教室は、土台から吹き飛ばされ、ばらばらになりました。鉄筋コンクリートの旧館東側は、あたかもハンマーでたたきつぶしたかのように３階から崩れ落ちました。棟全体の破壊がひどく、惨憺たるありさまでした。１階職員室から最初に火災が発生し、学籍簿などの重要書類はことごとく焼失してしまいました。

被爆当時の児童数は1500人近くだったと推定されていますが、当日の登校者はなく、家庭で被爆し、死亡した児童は1400人と推定されています。

核兵器の惨禍を長く後世に伝え、世界恒久平和を訴える証として、原爆で被災した同校の校舎の一部約474平方メートルが保存されています。

㉛平和（城山小学校・少年平和像）

城山小学校の正門を入った中庭に、左腕にハトをとまらせた等身大の少年像があります。原爆で壊滅した同校の児童たちが、平和を願って健気に起ちあがろうとする姿を形どったものです。像は被爆地の児童を象徴して、上半身は裸、素足で雄々しく立ち上がっています。水平に上げた左腕のハトは、少年の夢を託した平和のハト、足元のハトは爆死した教師、児童、女子挺身隊の人々など多くの魂の安らぎを祈るハトといいます。長崎市出身の彫刻家、富永直樹の制作で、1951(昭和26)年８月８日建立。

碑の正面の台座には「平和」の２字がレリーフされていますが、子供たちは「少年平和像」と呼んでいます。

㉜原爆殉難者之碑（城山小学校）

城山小学校が1948（昭和23）年に復元した後、教師・児童の慰霊と世界平和を祈念して、木製の碑が建てられました。現在の石碑は1966(昭和41)年３月９日に建立され、さらに、被爆30年目の1975(昭和55）年８月９日、名簿奉安庫をふくめ、現在のように整備されました。

碑文には「当日、学校に教師二十六人、用務員三人、家庭にあった児童一，四〇〇余人および本校で服務中の長崎兵器製作所員、挺身隊員、学徒報国隊員合わせて一〇五人が悲惨きわまりない爆死を遂げた。(中略)その多くが瞬時に無残な姿と化し、在りし日の面影を確認することができず、遺体を収容することもできなかった」とあります。

㉝嘉代子桜（城山小学校）

林嘉代子(かよこ)は当時、長崎県立長崎高等女学校４年生で、学徒報国隊のひとりとして城山国民学校に出動していました。行方不明であった嘉代子が発見されたのは原爆から22日目の８月30日。崩壊した校舎の３階に、嘉代子の上半身だけが防空頭巾に守られて焼け残っていました。嘉代子は母親たちによって荼毘に付されました。

嘉代子の母親津恵は、1966（昭和41）年３月９日、嘉代子と多くの女学生の霊を慰めるために、桜の木（嘉代子桜）を植えました。城山小学校の教職員が嘉代子桜の由来と、平和の願いをいつまでも語り継ごうと、同年７月30日、「嘉代子桜」と刻んだ碑を建てました。

㉞城山地域原子爆弾殉難者之碑

この碑は、爆心地から約１キロの若草町の八幡神社裏の墓地にあります。

1945（昭和20）年９月末ごろ、付近一帯でそれまで荼毘に付された人骨が散乱していたのを拾い集めてここに埋葬したのが発端で、46年４月にも城山町１、２丁目から油木町一帯にかけて大型リヤカー４台分（約200人分といわれる）の人骨を収拾、合わせて埋葬し、47年３月に建立したのがこの碑です。

㉟下大橋銘板

下大橋

「原爆の強烈な熱線と放射線と爆風によって、橋の欄干は半分を吹き飛ばされ、橋脚は崩壊し、橋の上には、くすぶり続けている衣服をまとった人や熱傷で皮ふがぼろ布のようにたれ下がった人々が、小江原、式見方面へ逃れようと殺到してきた。この浦上川は、逃げ場を失った人や末期の水を求める人々が群がり、そのまま絶命していったひとの死体が、何千と浮いていた」(橋の銘板から)

爆心地から約500メートル。浦上川にかかる橋の１つ。1981(昭和56）年３月に架け替えられて、かつての悲惨さをとどめるものはありませんが、当時の写真つきの銘板が備えられています。

㊱簗橋銘板

浦上川にかかる橋の１つで、爆心地から280メートルほどの所にあります。

浦上川には、駒場町、城山町から重傷を負って逃れてきた被災者が群がりました。川の岸辺や川の中には、息も絶え絶えになった人たちが折り重なり、やがて力尽きて流され、沈んでいきました。

この川にかかる橋の多くは倒壊しましたが、この橋は被爆後も使用に耐えた数少ない橋の1つでした。

なお、現在の橋は、長崎大水害後の河川改修工事で、1986（昭和61）年3月に架け替えられましたが、ここにも当時の惨状を示す銘板が置かれています。

㊲鎮西学院跡（現・活水高校・中学）

1930（昭和5）年に完成した4階建ての鉄筋コンクリートの鎮西学院の校舎は、爆心地から約500メートルだったために、4階の部分は完全に壊滅、3階部分も北側（爆心地方向）は崩壊、内部は完全に焼け落ちました。

その後、敷地とともに活水学院に売却され、1、2階部分は補修し、3、4階は撤去された後、現在は活水高校・中学の1号館として使用されています。

なお、この1号館の入口には、校舎の由来とともに、「この建物は原爆を受けて残っている貴重な建物です。平和を願う気持ちをもちつつ大切に用いましょう」という表示が掲げられています。

㊳瓊浦中学校跡（現・長崎西高校）

爆心地から西南約800メートルの小高い丘の上にあった木造の瓊浦中学校の校舎は、すべて倒壊、全焼しました。

当時、校内にいた学校長以下教職員10人、生徒40人、その他とも計61人のほとんどは爆死または数日後に死亡しました。動員学徒・教官も多数が死傷、同校の資料によれば、教師、生徒405人に及ぶといわれます。

戦後の学制改革で瓊浦中学校は、長崎県立長崎中学校、長崎県立長崎高等女学校、長崎市立高等女学校と合併し、東西2校となったため、この跡地は長崎西高校の校地となって現在に及んでいます。玄関前の「不撓不屈」の碑だけが、瓊浦中学を偲ばせています。

㊴淵国民学校跡（現・淵中学校）

1940（昭和15）年に開校したこの学校は、高等科だけの2学年の学校でしたが、県下随一の施設設備を誇っていました。

しかし、爆心地から約1.2キロにあったため、鉄筋3階建ての本館と体育館の外壁を残すだけで、他はすべて壊滅し、当日学校にいた教頭ほか7人の職員が殉職しました。生徒は全員工場へ動員されており、動員先で教員4人、生徒133人が死亡しています。

角の欠けた玄関の石柱

その後、学制改革で淵中学となり、倒壊を免れた本館を補修して使用していましたが、全面的に建て替えられ、当時のものとしては、角の欠けた玄関の石柱、炭化した木片が付着した体育館の遺壁の一部が、玄関横の広場に保管、展示されています。また、当時の惨状を伝える銘板も備えられています。

㊵国鉄原爆死没者慰霊之碑

当時、戦時輸送体制下にあって過酷な輸送業務に従事していた国鉄労働者の多くも、原爆の犠牲となりました。この惨事を繰り返さない決意を込め、犠牲者慰霊碑建立が決定され、労働組合の中に設置された国鉄被対協は広島、長崎の国鉄労働者は１人50円、その他は１人30円の募金活動を開始。碑のデザインも全国から募集するなど国鉄労働者の総意を結集して碑は完成されました。

除幕式と第１回の慰霊祭は1973（昭和48）年８月９日に挙行され、145柱が合祀されました。

なお、碑は長崎市川口町１丁目のＪＲ浦上駅構内に建てられていますが、趣意書など、この碑にかかわる資料は、同駅には置かれていません。

㊶恵の丘長崎原爆ホーム

長崎市三ツ山町139－５　☎（0958）45-4181

社会福祉法人純心聖母会が、1970（昭和45）年４月、眺望のよい三ツ山中腹に設置。施設の建設、事業、運営については国、県、市が補助しています。

定員は一般養護ホーム150人、特別養護ホーム200人。

㊷原爆被爆者特別養護ホーム「かめだけ」

長崎県西彼杵郡西彼町上岳郷字松川内1663

☎(09592)7-1262

日本小型自動車振興会、長崎県、長崎原子爆弾被爆者対策協議会その他多くの人たちの浄財で建設。

国、県、市の補助で財団法人被爆者福祉会が運営に当たっています。

4

資　料　編

原爆・被爆問題の文献目録

●原爆はなぜ投下されたか

「私が原爆計画を指揮した－マンハッタン計画の内幕」レスリー・R・グローブス／富永謙吉、実松　譲共訳／恒文社
「資料マンハッタン計画」山極　晃、立花誠逸編／岡田良之助訳／大月書店
「恐怖・戦争・爆弾－原子力の軍事的・政治的意義」P・M・S・ブラッケット／田中慎次郎訳／法政大学出版局
「もはや高地なし」F・ニーベル、C・ニーベル／笹川正博、杉内玲子訳／光文社
「原爆投下のシナリオ　WHY　JAPAN？」アージュン・マキジャニ、ジョン・ケリー／関　元訳／教育社
「原爆投下決定」L・ギオワニティ、F・フリード／堀江芳孝訳／原書房
「原爆はなぜ投下されたか」西島有厚／青木書店
「原爆投下への道」荒井信一／東京大学出版会
「原爆が落とされた日」半藤一利、湯川　豊／PHP文庫
「昭和史の天皇・原爆投下」読売新聞社編／角川文庫

●広島・長崎で何が起きたか

「新版1945年8月6日」伊東　壮／岩波ジュニア新書
「ナガサキ－1945年8月9日」長崎総合科学大学平和文化研究所編／岩波ジュニア新書
「ヒロシマは昔話か」庄野直美／新潮文庫
「原爆犯罪－被爆者はなぜ放置されたか」椎名麻紗枝／大月書店
「加害者への怒り－ABCCはなにをしたか」原水爆禁止広島協議会編／同発行
「原水爆時代」（現代史の証言　上・下）今堀誠二／三一書房
「広島・長崎の原爆災害」広島市・長崎市原爆災害誌編集委員会／岩波書店
「広島原爆戦災誌」（全5巻）編集・発行広島市役所　第1巻（総説）　第2巻（市内各地区被爆状況）　第3巻（市内、主要官庁、事業所、被爆状況）　第4巻（学校、宗教団体、関連市町村の状況）　第5巻（資料編）
「長崎原爆戦災誌」（全5巻）編集・長崎市役所／発行・長崎国際文化会館　第1巻（総説）　第2巻（地域編）　第3巻（続地域編、終戦前後）　第4巻（学術編）　第5巻（資料編）

●人体への医学的影響・医療

「原爆放射線の人体影響・1992」放射線被曝医療国際協力推進協議会編／文光堂
「死にいたる虚構」ジェイ・M・グールド、ベンジャミン・A・ゴルドマン／肥田舜太郎、斎藤紀共訳／核戦争に反対する医師・医学者のつどい

●原爆被爆の哲学・思想・法律・心理・評論

「ヒロシマわが罪と罰」G・アンデルス、C・イーザリー／篠原正瑛訳／ちくま文庫
「死の内の生命　ヒロシマの生存者」ロバート・J・リフトン／湯浅信之、越智道雄、松田誠思共訳／朝日新聞社
「長崎にあって哲学する－核時代の死と」高橋眞司／北樹出版
「原爆体験の思想化」（反原爆論集Ⅰ）石田　忠／未来社
「原爆被害者援護法」（反原爆論集Ⅱ）石田　忠／未来社
「戦争と国際法」松井康浩／三省堂新書
「原爆裁判」松井康浩／新日本出版社
「ヒロシマ・ノート」大江健三郎／岩波新書

「核時代の想像力」大江健三郎／新潮選書

●調査・資料・年表
「ヒロシマの記録」中国新聞社編／未来社
「年表ヒロシマ40年の記録」中国新聞社編／未来社
「原爆被害者の基本要求」日本原水爆被害者団体協議会／同発行
「原爆被害調査　第一次・第二次報告」同上／同編集発行
「あの日の証言」（その１・その２）同上／同編集発行
「被爆者の死」（その１・その２）同上／同編集発行
「被爆の実相と被爆者の実情」1977ＮＧＯ被爆問題シンポジウム報告書／朝日イブニングニュース社
「原爆被害の実相（長崎レポート）」ＮＧＯ被爆問題シンポシウム長崎準備会／同準備会
「ヒロシマ・ナガサキ　死と生の証言」日本原水爆被害者団体協議会編／新日本出版社
「あの日…　ヒロシマ・ナガサキ死と生の証言より」日本原水爆被害者団体協議会編／新日本出版社

●原水爆禁止運動と被爆者運動
「原爆被爆者問題－改訂版」田沼　肇／新日本新書
「被爆の思想と運動」伊東　壮／新評論社
「ヒロシマ・ナガサキから世界と未来へ」伊東　壮／勁草書房
「私の被爆者運動」斉藤義雄／新日本出版社
「ヒロシマ・ナガサキを世界へ」肥田舜太郎／あけび書房

●教育
「原爆の子－広島の少年少女のうったえ」（上・下）長田　新編／岩波文庫
「原爆をどう教えるか」長崎県教職員組合長崎総支部平和教育資料編集委員会編集／同発行
「ヒロシマで教える－核時代の平和教育」ＮＧＯ被爆問題国際会議広島専門委員会、広島平和教育研究所共編／労働教育センター
「原爆をどう教えたか」広島県原爆被爆教師の会、広島県教職員組合共編／明治図書
「流灯」原爆犠牲国民学校教師と子どもの碑建設委員会／同発行
「非核・平和教育を国民のものに」非核の政府を求める会編／平和文化
「ドキュメンタリー　原爆遺跡」広島高校生平和ゼミナール、広島県歴史教育者協議会、広島市教職員組合／平和文化
「人類の未来への証言」全国原爆被爆教職員連絡会編／労働旬報社
雑誌「平和教育」関係論文　日本平和教育研究協議会編／明治図書

●ルポ・記録・体験・手記
「ヒロシマ」ジョン・ハーシー／石井欣一、谷本清訳／法政大学出版会
「この世界の片隅で」山代　巴／岩波新書
「証言は消えない－広島の記録１」中国新聞社編／未来社
「炎の日から20年－広島の記録２」中国新聞社編／未来社
「原爆に夫を奪われて」神田三亀男編／岩波新書
「ひとりひとりの戦争・広島」北畠宏泰編／岩波新書
「幻の声　ＮＨＫ広島８月６日」白井久夫／岩波新書
「沖縄の被爆者」福地曠昭／沖縄原爆被爆者協議会
「在韓被爆者問題を考える」在韓被爆者問題を考える市民会議編／凱風社

「オランダ兵士長崎被爆記」レネ・シェーファー／緒方靖夫訳／草土文化
「アイオイ橋の人影」オフチンニコフ／北畑静子訳／冨山房
「空白の天気図」柳田邦男／新潮文庫
「広島第二県女二年西組」関千枝子／ちくま文庫
「もうひとつのヒロシマ」御田重宝／社会思想社教養文庫
「爆心地ヒロシマに入る」林　重夫／岩波ジュニア新書
「絶後の記録」小倉豊文／中公文庫
「女たちの数え歌－奄美の原爆乙女」上坂冬子／中公文庫
「生き残った人びと」（上・下）上坂冬子／文春文庫
「私のヒロシマ原爆」中条一雄／朝日新聞社
「ロスアラモスからヒロシマへ」フィリス・Ｋ・フィッシャー／橘　まみ訳／時事通信社
「生きて生きて」原水爆禁止日本協議会／同発行
「われなお生きてあり」福田須磨子／ちくま文庫
「ぼく生きたかった」竹内淑郎／宇野書店
「さくら隊８月６日－広島で被爆した若き新劇人たち」新藤兼人／岩波ブックレット
「この子を残して」永井　隆／中央出版社
「長崎の鐘」永井　隆／中央出版社
「原子雲の下に生きて－長崎の子供らの手記」永井　隆編／中央出版社
「日本の原爆記録」全20巻／日本図書センター

●世界の核実験被害者
「世界のヒバクシャ」中国新聞「ヒバクシャ」取材班／講談社
「ポリゴンは生きていた」宇藤千枝子／新日本医学出版社
「大地の告発」ウラル・カザフ核実験調査団編／リベルタ出版
「旧ソ連セミパラチンスク核実験場の村・被曝者のさけび」（写真集）森住　卓／豊田太印刷所
「ロンゲラップ島民はいま…」（写真集）マーシャル・ロンゲラップの核実験被害告発・救援神奈川実行委員会

●絵・写真集
「原爆の絵　ＨＩＲＯＳＩＭＡ」財団法人広島文化センター／童心社
「母と子でみる－広島・長崎」朝日新聞企画部編／草土文化
「母と子でみる－第五福竜丸」第五福竜丸平和協会／草土文化
「母と子でみる－原爆を撮った男たち」反核写真運動編／草の根出版会
「広島・長崎－原子爆弾の記録」子どもたちに世界に！被爆の記録を贈る会編集発行
「ドキュメント1945～1985」原水爆禁止日本協議会編集発行
「生きているヒロシマ」土門　拳／築地書館
「遺品は語る」森下一徹／汐文社
「被爆45年広島の声なき証言者たち」福島明博／日本機関紙出版センター
「ヒロシマ・ナガサキ原爆写真絵画集成」全６巻／日本図書センター

●詩
「詩集　にんげんをかえせ」峠三吉著／増岡敏和編／新日本出版社
「原子雲の下より」峠三吉、山代巴編／青木書店
「日本原爆詩集」大原三八雄、木下順二、堀田善衛編／太平出版社
城侑詩集「被爆一七〇〇〇の日々」／書肆青樹社

●小説

「黒い雨」井伏鱒二／新潮文庫

「屍の街」大田洋子（「日本の原爆文学②」）／ほるぷ出版

「夏の花」原　民樹／岩波文庫

「死の島」福永武彦／新潮文庫

「死の影」中山士郎／南北社

「祭りの場－ギヤマンビードロ」林　京子／講談社文芸文庫

「やすらかに今はねむり給え－道」林　京子／講談社文芸文庫

「管弦祭」竹西寛子／中公文庫

「儀式」竹西寛子／中公文庫

「終焉の姉妹」（上・下）千田夏光／講談社文庫

「踏まれ草」千田夏光／汐文社

「日本の原爆文学」全15巻／ほるぷ出版

●文学評論

「原爆文学史」長岡弘芳／風媒社

「原爆詩人ものがたり　峠三吉とその周辺」増岡敏和／日本機関紙出版センター

「目をあけば修羅　被爆歌人正田篠枝の生涯」水田九八二郎／未来社

「八月の詩人」増岡敏和／東邦出版社

「散文詩集　広島の女」増岡敏和／あゆみ出版

●原爆遺跡・案内

「ヒロシマ・ナガサキへの旅」水田九八二郎／中公文庫

「原爆の碑」黒川万千代／新日本出版社

「ドキュメンタリー　原爆遺跡」広島高校生ゼミ、歴教協、広島市教組／平和文化

「ヒロシマの声を聞こう」原爆碑・遺跡案内編集委員会／広島市親善センター

「平和公園・広島の神話から」宮本善樹／広島文化出版

「ひろしまを考える旅」日本ＹＷＣＡ「ひろしまを考える旅」委員会編／新教出版社

「広島・長崎修学旅行案内－原爆の跡をたずねる」松元　寛／岩波ジュニア新書

原爆と児童文学

【物語】

幼児・小学校低学年

「キノコの町」(『戦争と平和の文庫』に所収)	いぬいとみこ	日本標準
「とびうおのぼうやはびょうきです」(同上に所収)	いぬいとみこ	金の星社
「かあさんのうた」	大野　充子	ポプラ社
「千羽づるのねがい」	山下夕美子	小学館
「むかえじぞう」	吉本直志郎	ポプラ社
「ルミちゃんの赤いりぼん」	奥田　貞子	ポプラ社
「ひろしまのピカ」	丸木　　俊	小峰書店

小学校中学年

「おこりじぞう」	山口　勇子	新日本出版社
「かよこ桜」	山本　典人	新日本出版社
「ゆみ子とつばめのはか」	今西　祐行	偕成社
「はとよひろしまの空を」	大川　悦生	ポプラ社
「チコとじぞうさん」	大野　充子	国土社
「おーい、まっしろぶね」	山口　勇子	童心社
「八月がくるたびに」	おおえひで	理論社
「ピカッ子ちゃん」	正田　篠枝	太平出版社
「見えないトゲ」	大野　充子	国土社
「もう半分の顔・おばけ雲」	来栖　良夫	岩崎書店
「まちんと」	松谷みよ子	偕成社
「絵をかくはと」	坪田理基男	ポプラ社
「ひろしまのエノキ」	長崎源之助	童心社
「小さな赤いてぶくろ」	西野　綾子	ひくまの出版
「イワキチ目をさませ」	山口　勇子	新日本出版社
「ながさきの子うま」	大川　悦生	新日本出版社

小学校高学年・中学生以上

「太陽の落ちた日」ヒロシマ、ナガサキ原爆児童文学選	来栖良夫・田川時彦など編	労働教育センター
「あるハンの木の話」	今西　祐行	実業之日本社
「広島の姉妹」	山本真理子	岩崎書店
「つるのとぶ日」	大野充子ほか	講談社
「ヒロシマのうた」(『ふたりの英雄』に所収)	今西　祐行	童心社
「スイカのたね」(同上に所収)	沖井千代子	童心社
「ふたりのイーダ」	松谷みよ子	講談社文庫
「アイリーンのとうろう」	柴田　克子	アリス館
「いじわるアニキ」(『ヒロシマのうた』に所収)	山下多美子	小峰書店
「歌のとどく日」	広島児童文学研究会著	新日本出版社
「歌よ川をわたれ」	沖井千代子	講談社
「海に立つにじ」	大野　充子	講談社
「浦上の町で」(『りよおばさん』に所収)	おおえひで	実業之日本社
「木はいきかえった」	大川　悦生	新日本出版社

「おばけ雲」	来栖　良夫	新日本出版社
「八月の少女たち」	大野　充子	新日本出版社
「かあさんと呼べた日」	山口　勇子	草土文化
「いりたまご」(『かあさんの野菊』に所収)	山口　勇子	新日本出版社
「月夜のラッカショウ」(同上に所収)	山口　勇子	新日本出版社
「人形マリー」	山口　勇子	新日本出版社
「野の花は生きる－リディツェと広島の花たち」	いぬいとみこ	童心社
「かあさんの野菊」	山口　勇子	新日本出版社
「スカーフは青だ」	山口　勇子	新日本出版社
「かべにきえる少年」	手島　悠介	講談社
「けさから、なにかちがってしまった。そして、いま夕なぎがはじまっている」(『トンネルとビー玉とわすれ貝』に所収)	川瀬　啓子	牧書店
「三平のパチンコ」(同上に所収)	香川　竹子	牧書店
「とげ」(同上に所収)	山下夕美子	牧書店
「トンネルは長かった」(同上に所収)	三浦　精子	牧書店
「脱走者たち」	片山　昌雄	理論社
「チョウのいる丘」	那須田　稔	講談社
「通り雨」(『地下水のうた』に所収)	大野　充子	牧書店
「川とノリオ」(『ひろしまのオデット』に所収)	いぬいとみこ	童心社
「二年２組はヒヨコのクラス」	山下夕美子	理論社
「ひーちゃんはいった」	大野　充子	ポプラ社
「母の川」	大野　充子	小学館
「ぴろくんの話」(『りよおばさん』に所収)	おおえひで	実業之日本社
「ヒロシマの雨はドームの雨」	小川　利雄	教育出版センター
「ひろしまのきず」(『お母さんの木』に所収)	大川　悦生	ポプラ社
「ヒロシマの少女」	大野　充子	成光社
「夕焼けの記憶」	大野　充子	国土社
「りゅうおばさん」(『南の風の物語』に所収)	おおえひで	理論社
「まっ黒なべんとう」	児玉　辰春	新日本出版社
「アオギリよ芽をだせ」	大川　悦生	新日本出版社

【ノンフィクション】

「原爆の子」広島の少年少女の作文集（上・下）	長田　新編	岩波文庫
「原子雲の下に生きて」長崎の子供らの手記	永井　隆編	中央出版社
「わたしがちいさかったときに」長田新「原爆の子」他より	岩崎ちひろ絵	童心社
「いしぶみ（碑）」	広島テレビ放送編	ポプラ社
「語りつぐ戦争体験３『骨壷』」	日本児童文学者協会・日本子どもを守る会	草土文化
「飛べ！千羽づる－ヒロシマの少女佐々木禎子さんの記録」	手島　悠介	講談社
「広島・長崎からの伝言」	大川　悦生	岩崎書店

【マンガ・絵画】

「はだしのゲン」全10巻	中沢　啓治	汐文社
「黒い雨にうたれて」	中沢　啓治	エール出版
「ある惑星の悲劇」	旭丘　光志	講談社

各地の原（水）爆被害者の会

団体名		住所	電話
㈳北海道被爆者協会	003-0029	札幌市白石区平和通17丁目北6-7　ノーモア・ヒバクシャ会館	011･866･9545
青森県原爆被害者の会	030-0921	青森市原別6-7-12　白取方	017･736･2523
秋田県原爆被害者団体協議会	016-0852	能代市出戸本町2-34　佐藤方	0185･89･2231
岩手県原爆被害者団体協議会	020-0021	盛岡市中央通2-10-23　岩手県原水協気付	019･622･4635
宮城県原爆被害者の会	982-0804	仙台市太白区鈎取3-6-20　木村方	022･243･2158
福島県原爆被害者協議会	960-8251	福島市北沢又字日行壇7-37　星埜方	024･557･4001
茨城県原爆被爆者協議会	310-0036	水戸市新荘1-7-6　茂木方	029･231･0741
栃木県原爆被害者協議会	329-1104	河内郡河内町下岡本3773-17　中村方	028･673･1580
群馬県原爆被災者の会	371-0852	前橋市総社町総社2021　須藤方	0272･51･0640
東京都原爆被害者団体協議会	113-0034	文京区湯島2-4-4　平和と労働センター6F	03･5842･5655
埼玉県原爆被害者協議会	335-0004	蕨市中央1-27-9	048･431･6521
千葉県原爆被爆者友愛会	263-0031	千葉市稲毛区稲毛東5-14-16	043･248･4456
神奈川県原爆被災者の会	221-0822	横浜市神奈川区西神奈川1-8-13　山崎ビル2-A	045･322･8689
山梨県原水爆被害者の会	400-0014	甲府市古府中町1064-4　高橋方	055･253･8567
新潟県原爆被害者の会	950-0871	新潟市山木戸5-18-8　山内方	025･273･0030
長野県原爆被害者の会	390-0871	松本市桐2-1-15　前座方	0263･33･4532
静岡県原水爆被害者の会	424-0003	静岡市清水蜂ケ谷217-10　川本方	0543･64･4189
愛知県原水爆被災者の会	462-0841	名古屋市北区黒川本通2-11-1　コーポタニグチ201	052･991･3044
岐阜県原爆被害者の会	501-1175	岐阜市下西郷2-150　木戸方	058･239･5373
三重県原爆被災者の会	514-0008	津市上浜町6-118-4　嶋岡方	0592･28･0767
富山県被爆者協議会	939-0515	富山市水橋新町604　田島方	0764･78･1674
石川県原爆被災者友の会	921-8145	金沢市額谷3-123　西本方	0762･98･2487
福井県原爆被害者団体協議会	915-1201	武生市安養寺町87-14　川端方	0778･28･1872
滋賀県被爆者友の会	520-0043	大津市中央3-1-6　小寺方	0775･24･1685
㈳京都府原爆被災者の会	601-8441	京都市南区西九条南田町9	075･671･3777
㈳大阪府原爆被害者団体協議会	536-0016	大阪市城東区蒲生2-10-28　城東庁舎内	06･6933･8021
和歌山県原爆被災者の会	641-0052	和歌山市東高松3-7-25　楠本方	0734･44･2684
兵庫県原爆被害者団体協議会	651-2273	神戸市西区糀台5-5-2-1-607　木村方	078･958･8047
岡山県原爆被爆者会	700-8570	岡山市内山下2-4-6　保健福祉部医薬安全課内	086･226･7342
広島県原爆被害者団体協議会	730-0051	広島市中区大手町3-13-25　広島平和会館	082･241･7226
鳥取県原爆被害者協議会	680-0874	鳥取市叶1-7-32　酒本方	0857･53･2171
島根県原爆被爆者協議会	691-0001	平田市平田町2236-5　川島方	0853･62･2107
山口県原爆被害者団体協議会	753-0063	山口市元町3-49　ゆだ苑内	0839･22･4185
高知県原爆被爆者の会	781-5102	高知市大津甲1418-15　宅間方	088･866･2602
愛媛県原爆被害者の会	791-8005	松山市東長戸2-8-4　松浦方	089･922･1220
香川県原爆被害者の会	760-0003	高松市西町30-15　久保方	0878･61･1527
福岡県原爆被害者団体協議会	810-0044	福岡市中央区六本松1-2-22　県社会福祉センター内5F	092･733･8906
佐賀県原爆被害者団体協議会	849-4154	西松浦郡有田町大木宿乙808　吉冨方	0955･46･3062
㈶長崎原爆被災者協議会	852-8115	長崎市岡町8-20	095･844･0958
大分県原爆被害者団体協議会	874-0919	別府市石垣東1-8-20　河野方	0977･21･3264
熊本県原爆被害者団体協議会	860-0806	熊本市花畑町3-1　市役所別館　被爆者相談所内	096･356･4776
宮崎県原爆被害者の会	887-0023	日南市隈谷乙587-2　井上方	0987･27･0850
鹿児島県原爆被爆者協議会	892-0847	鹿児島市西千石町12-27	099･225･4085
沖縄県原爆被爆者協議会	900-0029	那覇市旭町34　官公労共済会館内	098･862･3887